JN098520

コーポレート
ガバナンスの実務
1年目の教科書

久保田 真悟 [著]

Kubota Shingo

Corporate

Governance

中央経済社

推薦の辞

　本書は，上場企業等でコーポレートガバナンスの実務に携わることになった方々への入門書であるとともに，様々な立場ですでにコーポレートガバナンスに関わっておられる方々にとっても，その全体像を改めて把握し，頭の整理と知識のアップデートを行うのに適した内容となっている。解説される領域は多岐にわたるが，徐々に頭が慣れていくような順序で書かれているため「1年目の教科書」にふさわしい1冊となっている。

　2014年6月の「改訂版日本再興戦略」（いわゆるアベノミクス）の冒頭に企業の生産性の向上が掲げられ，そのための具体的施策の冒頭に「コーポレートガバナンスの強化」が挙げられてから間もなく10年が経過する。この間に，上場会社において独立社外取締役の選任と活用，取締役会における監督機能の発揮など，わが国企業のガバナンスは形式・実質ともに大きく進展した。しかし，コーポレートガバナンスが多くの領域にまたがる活動であることや，伝統的な日本的経営の発想の転換が求められること，そして，ガバナンスに関連する各種ガイドラインの林立によって，「何のためのコーポレートガバナンスか」に腹落ちすることなく，新しいトレンドを追いかけているという会社関係者も少なくないのではないだろうか。

　本書の著者である久保田真悟氏は，内外の大学院で法務と経営管理を修め，現在は弁護士として多くの企業と関わっている。そして，推薦者（大杉）は久保田氏と一定以上の面識があるが，久保田氏が初学者を相手に法律などを平易に教える能力が非常に高いと感じている。そのような久保田氏の学識・経験・適性が，本書にはよく現れている。一例を挙げれば，英国のカンパニーセクレタリーの制度を紹介する部分（第4部第2章3）は，久保田氏の学術研究を基に執筆されており，わが国でのコーポレートガバナンス対応部門の強化に向けて現実的な提案・提言がなされている。

　推薦者は，会社法研究者としての立場から，これまでコーポレートガバナンスに関する論文の執筆などを行ってきたが，このたび本書の最初の読者となることで，頭が整理されるとともに，手薄な領域の最新動向に触れることができ

たことを，ここで申し添えたい。

　コーポレートガバナンスの実務において最も重要なことは，多様なプレーヤーの間で共通の理解・言語で会話・議論ができることである。プレーヤーは本社の各部門や社内・社外の役員（取締役・監査役）だけでなく，社外の投資家・アナリストも含まれる。そして，内外のプレーヤーの頭の中には，過去の著名事件（不祥事を含む）がインプットされている。本書では，200頁を少し超えるだけの分量で，ガバナンスのプレーヤーが備えるべき共通言語が，著名事件とともに押さえられている。ありがちな誤解——自社株買いでPBRを高めるべき，自社のESG・サステナビリティ活動をただ開示すればよい等——に対しては，適切な注意喚起もなされている。なお，初学者向けの書籍には珍しく，脚注で専門的な文献が示されていることについては，一般の読者にはあまり意味がないと感じられるかもしれないが，本文の記載の信頼性の担保，執筆者が質の高い文献調査を行ったことを裏付けるものなので，いわば「保証書」の機能を果たしているものと理解してほしい。

　本書が広く読まれ，日本企業の収益性の向上に結び付くことを祈念している。

令和6年4月

中央大学大学院法務研究科教授

大杉　謙一

本書の刊行に寄せて

　現在，上場企業は，経営の抜本的な改革を迫られています。その先頭に立つ
のは，経営トップを含む役員層であり，それを支えるのが，実務担当者です。
その全体を監視するのが，投資家であり，株式市場です。このような構造の中
での未来における企業価値の向上に向けた中核概念が，コーポレートガバナン
スです。

(本書を読まれる対象者は経営層と実務担当者)

　本書は，上場企業におけるコーポレートガバナンスを確立し，各企業の未来
における企業価値の向上を図るべき経営トップを含む役員層と，それを支える
実務担当者の方々向けに書かれたものです。そのため，経営者と実務担当者の
方々が中長期的な企業価値の向上に向けたコーポレートガバナンス改革を進め
るうえでの一助となるべく，本書では，次のような点が重視されています。

　1．初学者でも理解できるような具体的かつ平易な解説
　2．経営者・実務担当者として理解しておくべき様々な基礎知識の解説
　3．海外の動向や最新事例の紹介
　4．「1年目の教科書」でありながら，実用性を重視

(本書の特筆すべき特徴)

　本書で特筆すべきは，国内外の資料や事例が数多く引用されていることです。
そのため，著者は，徹底した文献調査を行っております。

　その一例を挙げます。ESGやサステナビリティ対応が重要であることは理解
されていると思いますが，果たしてそれが企業価値の向上にどのような機序で
結び付くのかは見えづらいところがあります。本書は，ESGやサステナビリ
ティ対応と企業価値向上との関連性を，国内外の事例を用いながら明らかにし，
ESGやサステナビリティ対応の意義や留意点を説得的に解説しています。上場
企業の経営者や実務担当者にとって助け舟になる文献となることでしょう。

　最後に，本書の著者である久保田真悟弁護士のことに触れます。

　久保田弁護士は，現在は，私が代表を務める鳥飼総合法律事務所の弁護士です。一度，当事務所を離れましたが，英国の大学院に留学して経営法務の先端的なコーポレートガバナンスを学び，帰国後，当事務所に復帰して現在に至っています。

　気さくで信頼できる能力の高い弁護士であり，その能力の高さは，本書を読んでいただければお分かりいただけると思います。

　本書がコーポレートガバナンスに携わる皆様に広く読まれることで，企業の発展に寄与することを祈念しております。

令和6年4月

鳥飼総合法律事務所

代表弁護士　**鳥飼　重和**

はしがき

　2015年6月にコーポレートガバナンス・コードが導入されて以降，上場企業各社において，企業価値向上に向けたコーポレートガバナンス改革が進められており，独立社外取締役の複数選任や指名・報酬（諮問）委員会の設置，スキルマトリックスの導入など，外形的には英米の制度や実務に倣った体制が整いつつあります。しかしながら，上場企業全体で見ると，稼ぐ力や株価は国際的に見て低い水準が続いており，コーポレートガバナンスに関する各種の取り組みが企業価値の向上に結び付いていない状況が見て取れます。

　こうした中で，企業価値向上に向けた各社の取り組みを後押しするために，数多くの実務指針やガイドラインが作られ，諸外国の取り組みを参考にした数々のベストプラクティスやフレームワークが紹介されていますが，そうした先進的な取り組みを積極的に取り入れながら企業価値を高めている一部の大手グローバル企業と一向に効果的なガバナンス改革・経営改革が進まないその他の上場企業の二極化が進んできてしまっており，今後益々こうした傾向が強まることが懸念されます。

　また，当局や各種専門家から，コーポレートガバナンス改革に向けた様々なメッセージが示され，情報が氾濫する中で，いざコーポレートガバナンス改革に本腰を入れようとしたとしても，自社にとって本当に必要な情報とそうでない情報を取捨することが困難になってきており，専門家の助言にしたがって様々な取り組みを行ったものの，結果，企業価値の向上に結び付かずに，"ガバナンス疲れ"の状況に陥ってしまったという企業も少なくないように思われます。

　こうした問題意識のもと，"企業価値の向上"という目的を見失わずに，コーポレートガバナンス・コードや関連ガイドラインで求められている各種の取り組みを効果的に進めていく前提として理解が欠かせない基本的な知識や視点を提供することを企図して，ガバナンス対応で迷子にならないために部門横断で理解しておくべき重要事項を本書にまとめました。入門書という位置付けですので，初学者でも読み進められるように，基本的な内容から最新のトピッ

クに至るまで，可能な限り平易な表現を心掛けながら執筆しています。

　本書は，役員の方々だけでなく，経営企画，総務，法務・コンプライアンス，人事，IR等の管理部門の実務担当者の方々も広く読者として想定しています。多くの上場企業で縦割り分業が進められる中で，各役員や実務担当者の関心が自身に割り当てられた職務に限定されてしまっているのが現状のように思われますが，各種の取り組みを企業価値向上に結び付けていくためには，それぞれが，全体を俯瞰して見ることのできる"鳥の目"を持つことが重要です。こうした問題意識のもと，役員や実務担当者の方々が，"鳥の目"を持つために必要な事項を部門横断で取り上げているのも本書の大きな特徴です。

　本書は，企業価値向上に向けたコーポレートガバナンス改革を進めるために部門横断で理解しておくべき重要事項をまとめた入門書という位置付けですので，本書を読んだうえで，必要に応じて，各種の専門書やガイドラインで内容を深掘りしていただくことを想定しています。各部の末尾に，【深掘り文献・論文リスト】を掲載しているので，内容を深掘りしたい読者の方は，そちらも参考にしながら理解を深めるようにしてください。

　本書が，少しでもコーポレートガバナンス関連実務に携わる読者の方々のお役に立つことがあれば幸甚です。

　最後に，推薦のお言葉をくださった中央大学大学院法務研究科の大杉謙一教授，鳥飼総合法律事務所代表の鳥飼重和弁護士，本書の企画段階からご助言をくださった獨協大学法学部の高橋均教授，ベンチャーラボ法律事務所の淵邊善彦弁護士，フィデューシャリーアドバイザーズ株式会社代表取締役で，早稲田大学ビジネス・ファイナンス研究センター招聘研究員の吉村一男氏，校正作業等をお手伝いいただいた鳥飼総合法律事務所の橋本充人弁護士，パラリーガルの鈴木淳代さん，本書の刊行にあたって多大なご尽力をいただいた中央経済社露本敦様，その他ご協力をいただいた全ての方々に心より感謝申し上げます。

令和6年4月

弁護士　久保田　真悟

本書の構成

　本書は，第1部「コーポレートガバナンスの基礎」，第2部「求められる経営改革の中身」，第3部「株主アクティビズムと会社の買収局面における問題」，第4部「企業価値向上に向けた取締役会・コーポレートガバナンス対応部門の在り方」の4つの部から構成されています。

　第1部「コーポレートガバナンスの基礎」では，第1章で，企業価値の意味やコーポレートガバナンス・コードの概要などの基礎知識を確認し，第2章で，上場企業各社の企業価値が高まらない要因と背景を概観していきます。第3章では，上場企業の取締役に課せられる基本的な任務や行動規範を確認します。

　第2部「求められる経営改革の中身」では，第1部で確認した基本事項に関する理解を前提に，企業価値向上に向けて求められる経営改革の中身を財務と非財務それぞれの観点から見ていきます。第1章では，その重要性が叫ばれつつも未だに上場企業各社の間で十分に浸透していない資本コスト経営の内容を確認し，第2章では，ESG・サステナビリティに関する取り組みを有意義なものにするために理解しておくべき前提知識や実務上の留意点を，ESG要素のうち，特に対応が難しい「S」（Social）の要素に焦点を当てつつ見ていきます。

　第3部「株主アクティビズムと会社の買収局面における問題」では，第1章で，活性化する株主アクティビズムの現状と対応にあたっての留意点を確認し，第2章では，会社の買収局面において特に問題となる「同意なき買収提案と買収防衛」と「MBOと支配株主による従属会社の買収」の問題に関する実務上の留意点を，近時の事例や2023年8月に公表された企業買収における行動指針の内容を踏まえつつ見ていきます。

　第4部「企業価値向上に向けた取締役会・コーポレートガバナンス対応部門の在り方」では，企業価値向上に向けた車の両輪の関係にある取締役会とコーポレートガバナンス対応部門（取締役会事務局や総務，経営企画などのコーポレートガバナンス関連部門）について，現状や今後の課題などを見ていきます。

目　次

推薦の辞（大杉謙一）　i

本書の刊行に寄せて（鳥飼重和）　iii

はしがき　v

本書の構成　vii

凡　例　VI

第1部　コーポレートガバナンスの基礎　1

第1章　コーポレートガバナンスに関する基本概念とルール　2

1　コーポレートガバナンスとは　3
　(1)　守りのガバナンス　3
　(2)　攻めのガバナンス　3

2　「企業価値」と関連する概念　8

3　主な関連法令とソフトロー　10
　(1)　主な関連法令　11
　(2)　コーポレートガバナンス・コード　13
　(3)　スチュワードシップ・コード　17
　(4)　コーポレートガバナンス・コードの主な関連ガイドライン等　18
　(5)　議決権行使助言基準　21

4　ガバナンスに関連する基本概念　23
　(1)　コンプライアンス　23
　(2)　リスクマネジメント　24
　(3)　内部統制　25
　(4)　監　査　25

第2章　日本企業の企業価値が高まらない要因と背景　28

1　取締役の問題―機能しなかった社外取締役―　28

2　株主の問題　29

⑴ 安定株主の問題―持ち合い株式による株主ガバナンスの機能不全― 29

⑵ 機関投資家の問題―実効性に課題の残るスチュワードシップ活動― 32

3 ルールの問題―ソフトロー頼みのルール形成― 36

4 稼ぐ力が高まらない中で押し寄せるESG・サステナビリティの波が与える混乱 40

第3章 取締役の基本的な任務・行為規範 44

1 善管注意義務と株主利益最大化原則 45

2 忠実義務―会社の利益を犠牲にして取締役自身や第三者の利益を図ってはならない義務― 47

⑴ 忠実義務とは 47

⑵ フジテック社のケースを考える 49

3 株主共同の利益に配慮する義務 51

4 株主に対する受託者責任 53

⑴ 株主に対する受託者責任とは 53

⑵ 株主に対する受託者責任として求められる対応 55

5 株主以外のステークホルダーの利益と取締役の義務 57

⑴ 株主以外のステークホルダーの利益と善管注意義務 57

⑵ 開示規制を通じた任務・行為規範の修正 58

⑶ 株主以外のステークホルダーの利益を考慮する目的は何か 59

第2部 求められる経営改革の中身 63

第1章 企業価値向上の基盤となる資本コスト経営 64

1 資本コスト経営 65

2 株主資本コスト 67

⑴ 株主資本コストの算出 67

⑵ 業種で異なる資本コスト 68

⑶ 企業と投資家の認識ギャップ 70

⑷ 株主資本コストは低減できる 70

3 ROIC経営 71

⑴ ROICとは 71

⑵ 実例―セブン&アイHDのセグメント別ROIC― 74

4 資本効率を重視する際の留意点 75

5 事業ポートフォリオマネジメント―効率性と成長性を軸にした事業の再編― 78
   (1) 事業ポートフォリオマネジメント 78
   (2) コングロマリットディスカウント 79
   (3) 各社における取り組みの現状 79
   (4) 実例―味の素のケース― 81
   (5) 事業ポートフォリオの再編はサステナビリティと矛盾しない 85

6 資本コスト経営の推進に向けて 85

7 市場評価を上げるには―求められるPERの改善― 88

第2章 企業価値向上に欠かせないESG・サステナビリティ課題
     への対応 94

1 ESG・サステナビリティ経営の波と現状の問題点 95
   (1) 押し寄せるESG・サステナビリティ経営の波 95
   (2) ESG評価と企業価値の関係 96
   (3) 仏ダノン社の事例 96

2 ESG要素と企業価値の関連性を明らかにする試み 97
   (1) 実例―エーザイとアサヒグループHDのケース 97
   (2) 実証研究や各社の取り組みを参照する際の留意点 99
   (3) 財務の改革がサステナビリティの基盤 102

3 ESG・サステナビリティ課題に取り組む意義と留意点 102
   (1) 企業収益に影響を与えるリスクへの対応 103
   (2) 企業損失に影響を与えるリスクへの対応 104
   (3) 人的資本経営 116

4 ESG・サステナビリティ対応を企業価値向上に繋げるために 122

第3部 株主アクティビズムと会社の買収局面に
      おける問題 125

第1章 株主アクティビズム 126

1 株主アクティビズムの現状 126
   (1) 活性化する株主アクティビズム 126

　(2)　アクティビスト株主の戦略　128

　(3)　法の網を掻い潜るアクティビスト株主の動き　129

2　アクティビスト株主との向き合い方・対応に当たっての留意点　131

　(1)　アクティビスト株主の主張の背景にある問題を考えること　131

　(2)　投資家の狙いと主張の当否を分析・検討すること　133

　(3)　油断できないオーナー系上場企業　134

3　セブン&アイHDとアクティビスト株主の委任状争奪戦を考える　135

第2章　会社の買収局面における問題　139

1　同意なき買収提案と買収防衛　140

　(1)　同意なき買収提案と買収防衛策の現状　140

　(2)　買収防衛策が正当化される理由—強圧性の問題—　143

　(3)　買収防衛策に関する裁判所の判断枠組みと近時の事例　145

　(4)　買収防衛策の発動とMOM—買収者外しは許されるのか—　147

　(5)　同意なき買収提案への対応の在り方　152

2　MBOと支配株主による従属会社の買収　154

　(1)　MBO等を実施する意義と問題点　154

　(2)　MBO等の局面における取締役の行為規範　156

　(3)　MBO等を巡る近時の課題と動向　158

3　ユニゾホールディングスの経営破綻を考える　162

第4部　企業価値向上に向けた取締役会・コーポレートガバナンス対応部門の在り方　167

第1章　企業価値向上に向けた取締役会の在り方　168

1　取締役会の責務と役割　169

2　ボードモデルと機関設計　171

　(1)　監査役会設置会社　171

　(2)　指名委員会等設置会社　172

　(3)　監査等委員会設置会社　172

　(4)　重要なのは形ではなく中身　173

3　取締役会の実効性評価　175

4 社外取締役の実効性確保　177
(1) 社外取締役の責務と役割　177
(2) 社外取締役の課題　179
(3) 社外取締役に求められるスキルは何か　181
(4) スキルマトリックスと士業の専門性　184
(5) 自社に必要なスキルをもった人材を登用することが重要　188
(6) 社外取締役のコミットメントの強化に向けて　188
(7) サポート体制の重要性　191
5 Board 3.0の議論からの示唆　192

第2章　企業価値向上に向けた コーポレートガバナンス対応部門の在り方　198

1 取締役会事務局に見られる役割の変化　199
2 コーポレートガバナンス対応の現状と課題　200
3 英国におけるコーポレートガバナンス対応　203
4 コーポレートガバナンス対応部門の強化に向けて求められる対応　206
5 法務・コンプライアンス部門に対する期待　208

◆コラム◆
コラム① 現場を悩ませるソフトロー対応　42
コラム② 座学も重要です　61
コラム③ プライバシーガバナンス　114
コラム④ 価値創造が求められるのは専門家も同じです　123
コラム⑤ "お飾り"の社外取締役にならないために　197
コラム⑥ 法務プロフェッショナル人材を確保するには　210

凡　例

1　主な法令・規則

会社	会社法
民	民法
会社計算	会社計算規則
開示府令	企業内容等の開示に関する内閣府令
財務諸表等規則	財務諸表の用語，様式及び作成方法に関する規則
連結財務諸表等規則	連結財務諸表の用語，様式及び作成方法に関する規則
上場規程	東京証券取引所「有価証券上場規程」
上場規程施行規則	東京証券取引所「有価証券上場規程施行規則」

2　主な文献・ガイドライン

江頭	江頭憲治郎『株式会社法〔第8版〕』（2021年，有斐閣）
田中	田中亘『会社法〔第4版〕』（2023年，東京大学出版会）
コーポレートガバナンス・コード（CGコード）又はコード	東京証券取引所「コーポレートガバナンス・コード～会社の持続的な成長と中長期的な企業価値の向上のために～」（2021年6月11日）
スチュワードシップ・コード	スチュワードシップ・コードに関する有識者検討会（令和元年度）「「責任ある機関投資家」の諸原則≪日本版スチュワードシップ・コード≫～投資と対話を通じて企業の持続的成長を促すために～」（2020年3月24日）
M&A指針	経済産業省「公正なM&Aの在り方に関する指針―企業価値の向上と株主利益の確保に向けて―」（2019年6月28日）
企業買収における行動指針	経済産業省「企業買収における行動指針―企業価値の向上と株主利益の確保に向けて―」（2023年8月31日）

CGSガイドライン	経済産業省「コーポレート・ガバナンス・システムに関する実務指針（CGSガイドライン）」（2022年7月19日）
グループガイドライン	経済産業省「グループ・ガバナンス・システムに関する実務指針（グループガイドライン）」（2019年6月28日）
事業再編ガイドライン	経済産業省「事業再編実務指針〜事業ポートフォリオと組織の変革に向けて〜（事業再編ガイドライン）」（2020年7月31日）
社外取締役ガイドライン	経済産業省「社外取締役の在り方に関する実務指針（社外取締役ガイドライン）」（2020年7月31日）
対話ガイドライン	金融庁「投資家と企業の対話ガイドライン」（2018年6月1日策定，2021年6月11日改訂）
知財・無形資産ガバナンスガイドライン	知財投資・活用戦略の有効な開示及びガバナンスに関する検討会「知財・無形資産の投資・活用戦略の開示及びガバナンスに関するガイドライン（略称：知財・無形資産ガバナンスガイドライン）Ver 2.0〜知財・無形資産の投資・活用戦略で決まる企業の将来価値・競争力〜（投資家や金融機関等との建設的な対話を目指して）」（2023年3月27日）
伊藤レポート	「「持続的成長への競争力とインセンティブ〜企業と投資家の望ましい関係構築〜」プロジェクト（伊藤レポート）最終報告書」（2014年8月）
伊藤レポート2.0	「伊藤レポート2.0持続的成長に向けた長期投資（ESG・無形資産投資）研究会報告書」（2017年10月26日）
伊藤レポート3.0	経済産業省「伊藤レポート3.0（SX版伊藤レポート）サステナブルな企業価値創造のための長期経営・長期投

	資に資する対話研究会（SX研究会）報告書」（2022年8月30日）
人材版伊藤レポート2.0	経済産業省「人的資本経営の実現に向けた検討会報告書〜人材版伊藤レポート2.0〜」（2022年5月）
価値協創ガイダンス2.0	経済産業省「価値協創のための統合的開示・対話ガイダンス2.0（価値協創ガイダンス2.0）―サステナビリティ・トランスフォーメーション（SX）実現のための価値創造ストーリーの協創―」（2017年5月29日策定，2022年8月30日改訂）
生保協会アンケート2022	一般社団法人生命保険協会「企業価値向上に向けた取り組みに関するアンケート集計結果（2022年度版）」
東証白書2023	株式会社東京証券取引所「東証上場会社コーポレート・ガバナンス白書2023」（2023年3月）
UKコード2024	Financial Reporting Council, 'UK Corporate Governance Code 2024' (Effective 2025)
UKガイダンス2024	Financial Reporting Council, 'Corporate Governance Code Guidance' (Published: 29 January 2024, Last Updated: 6 March 2024)

第1部

コーポレートガバナンス
の基礎

第 1 章

コーポレートガバナンスに
関する基本概念とルール

Questions

- ● コーポレートガバナンスって何？
- ● コーポレートガバナンス・コードって何？
- ● 企業価値って何？
- ● 企業価値向上とは何を意味しているの？
- ● PBRが１倍を割れると何が問題なの？
- ● なぜ内部留保を抱え込んではいけないの？

概　要

　企業価値の向上に向けたコーポレートガバナンス改革を進めていくためには，「コーポレートガバナンス」や「企業価値」などの基本概念の意味を理解しておくことが不可欠です。また，会社法や金融商品取引法などの関連法令や，企業価値向上に向けたコーポレートガバナンス改革を促す中核的な存在であるコーポレートガバナンス・コードに関する理解も欠かせないでしょう。

　日頃，企業の役員や実務担当者の方々と話をしていると，これらの基本事項の意味内容を十分に理解されていないように見受けられることがありますが，これらの基本事項に対する理解がなければ，各種の取り組みを企業価値の向上に繋がる意味のある取り組みとすることはできません。“ガバナンス疲れ”の状況に陥いることも懸念されます。

　本章では，企業価値の向上に向けたコーポレートガバナンス改革を進めていくうえで理解が欠かせない基本概念や関連する重要なルールの内容を概観していきます。

1　コーポレートガバナンスとは

　コーポレートガバナンスは，日本語で「企業統治」と訳されるもので，経営陣や取締役会が，株主をはじめとする会社の様々なステークホルダーの立場を踏まえつつ，適切な意思決定を行うための仕組みなどと説明されます。

　コーポレートガバナンスの目的には，ステークホルダーの意思の尊重や不祥事の防止などの様々な要素が含まれますが，究極の目的は「企業価値の向上」にあり，より具体的には，①企業価値の毀損を防ぐという守りの面と，②積極的に企業価値を高めていくという攻めの面の2つの目的に整理することができます。

(1)　守りのガバナンス

　企業価値の毀損を防ぐという**守りのガバナンス**は，従来からその重要性が広く認識されていました。取締役経営陣が，経営成績を良く見せるために売上や利益の水増しを行うなどの不正行為に手を染めてしまったり，会社の利益を犠牲にして支配株主や創業家の利益のために会社を経営してしまうなどのケースが後を絶ちませんが，取締役経営陣がこのような企業価値を毀損する行動に出るのを防ぐための仕組みが守りの面でのコーポレートガバナンスです。

　取締役経営陣による不正行為の調査結果をまとめた第三者委員会報告書の中で，「ガバナンスが機能不全に陥っていた」などと指摘されますが，これは守りの面でのコーポレートガバナンスに関する指摘ということになります。

　社外取締役の数を増やして監視の目を強めれば，取締役経営陣による法令違反などの不正行為や不適切な行為に対する牽制機能が高まり，守りの面でのコーポレートガバナンスが強化される，というのは理解しやすいところかと思います。

(2)　攻めのガバナンス

　こうした守りの面でのコーポレートガバナンスを強化していくことで企業価値が毀損されるのを防ぐのも重要なことではありますが，近時は，積極的に企

業価値を高めていくという**攻めのガバナンス**の重要性が高まっています。2015年6月に導入されたコーポレートガバナンス・コードやその関連ガイドラインの主眼も，攻めの面でのコーポレートガバナンスの強化に置かれています。

　投資家から調達した資金を元手に事業を通じて利益を出して，それを開発投資や設備投資などに振り向けることで成長を続けていくのが上場企業の基本的な在り方ですが，投資家から集めた資金を有効に活用しなければ，企業は成長せず，企業価値は高まっていきません。失われた30年などとも言われますが，コーポレートガバナンス改革が本格化し10年が経過しようとしている現在においても日本企業の競争力は依然として低いままです（**図表1-1**）。国際経営開発研究所（IMD）が2023年6月20日に公表した「世界競争力ランキング2023」における日本の順位は，64か国中35位と，過去最低記録を更新しています。

　日経平均株価は，2023年から2024年にかけて，バブル後最高値を更新していますが，依然として少なくない数の企業が**PBR**（株価純資産倍率）1倍を割る割安株（バリュー株）の状態にあります。2022年3月時点で，TOPIX500構成企業の約4割が，PBRが1倍を割る状況になっており（**図表1-2**），これはグローバルに見ても極めて低い水準です（**図表1-3**）。

　PBRは，株価（株式時価総額）を1株当たり純資産（簿価純資産額）で割って得られる数値ですが，これが1倍を下回るということは，市場における株式の評価額が，1株当たりの（簿価）純資産額を下回るということであり，将来に向けた成長が期待されていないことを意味します[1]。株式上場をする以上，最低でもPBRが1倍を上回る状況を作ることは，取締役経営陣に課せられる重要な責務になりますが，まだまだ投資家からの期待に応える経営ができていないのが現状です。

1　PBRは経営の効率性（ROE）と企業の成長期待（PER）から構成され，PBRをあげるためには，短期的な収益性をあげるだけでなく，中長期的な価値創造に対する市場の期待をあげることが必要です（経済産業省「産業構造審議会 経済産業政策新機軸部会 第6回事務局説明資料～グローバル競争で勝ちきる企業群の創出について～」（令和4年3月31日）9頁。詳しくは第2部第1章7を参照。

【図表1－1】　過去30年間の日本経済の停滞[2]

● 過去30年間、日本企業の国際競争力や時価総額は低迷。

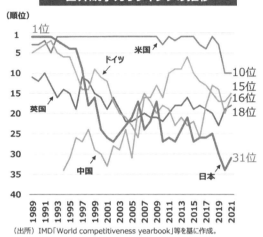

（出所）IMD「World competitiveness yearbook」等を基に作成。

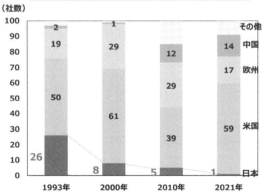

（注）　時価総額はそれぞれ2021年7月1日時点。日本企業は、2000年では、NTTドコモ、NTT、トヨタ自動車、ソニー、セブンイレブン、富士通、武田製薬、三菱UFJ銀行の8社。
2010年では、トヨタ自動車、NTTドコモ、三菱UFJ銀行、NTT、本田技研工業の5社。2021年では、トヨタ自動車の1社のみ。
（出所）　Bloombergを基に作成。

2　経済産業省「CGS研究会（第3期）第1回事務局説明資料」（2021年11月16日）2頁。

【図表1－2】　TOPIX500構成企業の約４割が非財務資本がゼロを下回る[3]

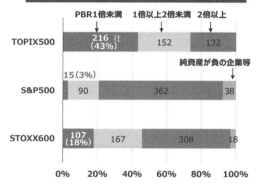

TOPIX500構成企業の約4割が非財務資本がゼロを下回る ①企業の価値創造の課題
（PBR（株価純資産倍率）が1未満）

● 主要株価指数の構成企業のうち非財務資本がゼロを下回る（PBRが1倍未満（純資産＞株式時価総額）の企業）の割合は、**米国（S&P）3%**、**欧州（STOXX）約2割**に対し日本（TOPIX）は約4割。東証一部上場企業では、**PBR0.5～0.6倍が最頻値**となっている。（東証一部上場2,173社中、PBR１倍以上は1,075社（49.5%）※3/2時点）

TOPIX500、S&P500、STOXX600企業の PBRの分布

PBR1倍未満　1倍以上2倍未満　2倍以上

- TOPIX500：216社（43%）／152／132
- S&P500：15（3%）／90／362／38（純資産が負の企業等）
- STOXX600：107（18%）／167／308／18

0%　20%　40%　60%　80%　100%

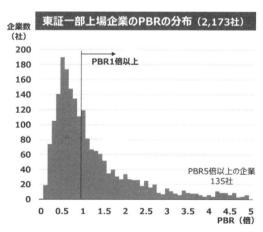

東証一部上場企業のPBRの分布（2,173社）

企業数（社）

PBR1倍以上

PBR5倍以上の企業 135社

0　0.5　1　1.5　2　2.5　3　3.5　4　4.5　5
PBR（倍）

（注）PBRとは、株価を1株当たり純資産で割ることで算出できる。PBRが1倍を上回る場合、企業の持つ純資産価値を上回る評価が市場でなされていると考えられる。
　　上図は2022年3月7日時点の情報。下図は2022年3月2日時点の情報。PBRデータが得られる企業のみを抽出し、PBR0.1刻みで該当する企業数を表示している。
（出典）Bloombergを基に作成。

【図表1－3】　日米欧の主要企業の業種別PBR[4]

（参考）日米欧の主要企業の業種別PBR

①企業の価値創造の課題

● 日米欧の代表的な株価指数の構成企業のPBRを業種別に見ても、全ての業種において日本企業の平均PBRが最も低く、また米欧でPBRが1を割る業種は存在しない。

日米欧の業種別平均PBR

	日本	米国	欧州
自動車・自動車部品	0.83	6.34	2.55
銀行	0.44	1.58	1.11
鉱物・基本素材	0.77	5.13	1.97
化学	1.13	3.81	2.91
建設	1.19	4.05	3.55
消費財	2.33	5.76	5.80
エネルギー	0.64	5.97	2.23
金融	1.93	7.16	2.54
食品	1.62	6.08	3.81
ヘルスケア	2.98	7.94	6.35

	日本	米国	欧州
産業用財・サービス	2.20	10.42	4.92
保険	0.67	4.86	1.62
メディア	1.30	3.43	4.46
介護、薬品、日用品店	2.55	41.96	4.14
不動産	1.67	3.52	7.24
小売	3.82	10.05	4.86
技術	5.12	13.47	8.02
通信	2.03	3.57	2.53
旅行	3.08	8.66	3.96
電気・水道・ガス	0.61	2.68	2.55

（注）日本はTOPIX500、米国はS&P 500、欧州はSTOXX600の構成銘柄のうち、PBRが算出されている銘柄について単純平均をとったもの。（日本500社、米国441社、欧州522社）産業分類は業種分類ベンチマーク（ICB）のスーパーセクターによる。2022年3月22日時点のデータ。

4　経済産業省・前掲注（1）10頁。

こうした状況を打開し，企業の稼ぐ力や株価を高めていくためには，漠然と売上高や利益だけを意識した経営を行うのではなく，投下した資本の効率性や将来の成長性，株主やその他のステークホルダーへの価値創造などを意識した経営が行われる必要があります。こうした企業価値の向上に向けた経営が行われるように取締役経営陣を後押しし，支える仕組みが，攻めの面でのコーポレートガバナンスです。

　本書では，コーポレートガバナンスの意義について，攻めと守りの両面を含んだ概念として捉えますが，主として攻めの面に焦点を当てます。

2　「企業価値」と関連する概念

　「企業価値」とは何であり，「企業価値向上」とは何を意味するのでしょうか。企業価値向上に向けたコーポレートガバナンス改革を進めていくためには，目的である「企業価値」や「企業価値向上」の意味を理解しておかなければなりません。以下，少し詳しく見ていきましょう。

　企業価値とは，企業の事業活動からもたらされる価値（**事業価値**）に事業活動に用いられない余剰現金や投資有価証券，遊休不動産などの**非事業用資産**を加えたその企業がもつ経済的価値を示す概念を指します。M&Aを実施する際に行われる買収対象会社の企業価値評価（株式価値評価）では，一般的に，DCF法（ディスカウントキャッシュフロー法）を用いて，その事業を通じて会社が将来得ると期待されるフリーキャッシュフローの割引現在価値を算定することで買収対象会社が営んでいる事業の価値を算定し，これに買収対象会社が保有している非事業用資産の額を合算することで企業価値が算定されます。

　コーポレートガバナンスの目的である「企業価値向上」の対象である上場企業の「企業価値」もこれと同じものを指しているわけですが，当然のことながら非事業用資産を増やしましょうという話ではありません。求められるのは，事業価値を高めることで企業価値を高めることであり，「**企業価値向上**」とは，事業を通じて将来得られるキャッシュフローを増やしていくことで，企業全体の将来キャッシュフローを増やしていくことを意味することになります[5]。ただし，ただキャッシュを増やしていけばよいというわけではありません。投資家

には，資金提供の見返りとして期待をしているリターンが存在しているため，事業活動を通じて投資家の合理的な期待を上回るリターンを上げることが求められます[6]。

　企業価値を資本の調達元の側面から見ると，株主に帰属する価値（**株主価値**）と有利子負債の価値（負債価値）の合計と表すことができます。投資家の関心は株主価値の向上にありますので，IR資料や投資家のレターなどでは株主価値という言葉が使われることも多くあります。上場企業の株式には，株式市場での取引価格がありますが，その総和である時価総額が株主価値を上回る場合は割高株，下回る場合は割安株と判断されます。

【図表1－4】　企業価値の中身

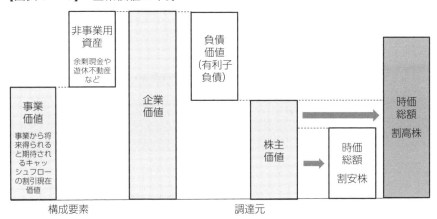

事業価値
事業から将来得られると期待されるキャッシュフローの割引現在価値

非事業用資産
余剰現金や遊休不動産など

企業価値

負債価値（有利子負債）

株主価値

時価総額
割安株

時価総額
割高株

構成要素　　　　　　　　　　調達元

　事業を通じてキャッシュを増やし，企業価値を高めていくことは，営利企業である株式会社として当然に取り組むべきことであり，わざわざルール整備などする必要はないように思われるかもしれませんが，多くの上場企業がこの当たり前の作業を行ってきませんでした。これは**内部留保の問題**に表れています。

5　企業買収における行動指針では，こうした点を踏まえ，企業価値を「企業が将来にわたって生み出すキャッシュフローの割引現在価値の総和」と定義付けています（企業買収における行動指針5頁）。

6　本書第2部第1章で詳しく見ていきます。

日本人は貯蓄好きと言われますが，これは企業にも当てはまり，利益が得られても，成長投資にも株主還元にも使われずに，内部留保として貯め込んでしまうことで，企業価値や株価が低迷するという状態が長く続いてきました。

　手元資金は，研究開発費やM&A，人材投資などの成長投資に活用することではじめて将来的にキャッシュフローを増加させていくことが可能になるのであり，現預金として保有しているだけではキャッシュは増えません。労働規制との関係で一度上げた労働条件は簡単には下げられない，M&Aで他社を買収しても期待したシナジーが得られないおそれがあるなど，成長投資にはリスクを伴うため，失敗した場合のリスクを考えて資金を活用することに消極的になってしまっていたというのがこれまでの上場企業経営者の基本姿勢であったように思われますが，成長投資を行わなければ，キャッシュは増えず，企業価値の向上は望めません。企業価値を向上させていくためには，投資家から集めた資金を事業において有効活用することで将来キャッシュフローを増やし，企業全体の価値を高めていくことが求められます。

　なお，近年，企業の**社会的価値**に注目が集まる中で，社会的価値と企業価値（経済的価値）の両立を目指した取り組みを進める企業が増えてきていますが，究極的な目的は，あくまでも経済的な価値としての企業価値を中長期的に向上させていくことであり，社会的価値の創造はそのために欠かせない重要な要素と捉える見方が適切でしょう。ESGやサステナビリティに関する取り組みについては，本書でも第2部第2章で詳しく見ていきます。

3　主な関連法令とソフトロー

　次は，コーポレートガバナンスに関するルールを定める法令（ハードロー）と法的拘束力がないルール（ソフトロー）の内容を簡単に見ていきます。

　コーポレートガバナンスに関するルールは，①ハードローである会社法と金融商品取引法で基本的なルールが示され，②ソフトローであるコーポレートガバナンス・コードでハードローに上乗せされる規範が示され，③コーポレートガバナンス・コードに関する実務指針を通じてコードの内容を実践するためのポイントや留意点が示されるという3層構造になっています。

　また，この他にも「企業と投資家の対話ガイドライン」や「伊藤レポート」などの関連するガイドラインや各種の資料が公表されています。以下，ハードローから順に概要を見ていきましょう。

【図表1－5】　各種ガイドラインの位置付け（経済産業省のウェブサイトより）

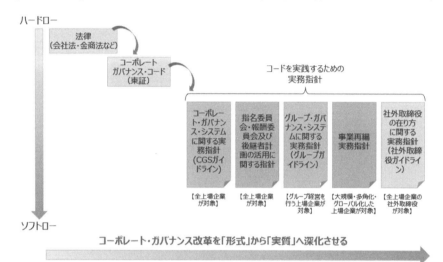

(1)　主な関連法令

■会社法

　会社法は，上場・非上場を問わず，株式会社に関する基本的な制度・ルールを定めた法律で，取締役や監査役の義務と責任，機関設計（監査役会設置会社・監査等委員会設置会社など），株主の権利，株主総会のルールなどに関する定めが置かれています。日本のコーポレートガバナンス改革は，後に見るコーポレートガバナンス・コードをはじめとするソフトローを中心に進められているため，ハードローである会社法の存在感が薄くなってしまっていますが，2019年改正では，上場企業に対する社外取締役の設置の義務付けや，株主総会資料の電子提供制度，株主提案権の制限，会社と取締役との間に利益相反がある場合における社外取締役への業務執行の委託を可能とするルールが新設され

るなど，コーポレートガバナンス改革を後押しする法改正が少しずつ進められています。

　会社法で特に重要になるのは，取締役の義務です。取締役に課せられる基本的なミッションを理解しておくことはコーポレートガバナンスに関する各種の対応を進めるうえでとても重要なことですので，第1部第3章で詳しく見ていきます。

■金融商品取引法

　会社法と並んで中心的な役割を果たしているのが**金融商品取引法**です。金融商品取引法は，資本市場の公正を確保して投資家の保護や経済の円滑化を図る目的で作られた法律で，(1)投資性の強い金融商品に対する横断的な投資者保護法制の構築，(2)開示制度の拡充，(3)取引所の自主規制機能の強化，(4)不公正取引等への厳正な対応の4つの柱から構成されています。

　コーポレートガバナンスの文脈で特に重要なのは，開示制度です。有価証券報告書や内部統制報告書などの開示書類，会社支配権に影響を及ぼし得るような証券取引の公正性・透明性を確保するための公開買付制度，株券等の大量保有の状況を投資家に迅速に開示するための大量保有報告制度などに関する定めが置かれています。近年では，「企業内容等の開示に関する内閣府令」の改正により，有価証券報告書の開示内容の充実を求めることで，上場企業各社にコーポレートガバナンス改革・経営改革を間接的に促すアプローチが多く取られており，2023年1月31日に施行された改正開示府令では，新たにサステナビリティ情報の開示が求められるようになったほか，政策保有株式の透明性確保をはじめとするコーポレートガバナンス関連情報の充実も求められるようになりました。

　また，市場内取引等を通じた非友好的買収事例（同意なき買収事例）の増加などを背景に，市場の透明性・公正性の確保，企業と投資家との間の建設的な対話の促進等の観点から，公開買付制度や大量保有報告制度の改正に向けた検討も進められています[7]。

7　詳細は，金融審議会「公開買付制度・大量保有報告制度等ワーキング・グループ報告」（2023年12月25日）を参照。

⑵　コーポレートガバナンス・コード

■コーポレートガバナンス・コードの概要

　コーポレートガバナンス・コードは，東京証券取引所が定める実効的なコーポレートガバナンスの実現に資する主要な原則を取りまとめた企業統治指針で，2015年6月1日に適用が開始されました。その後，3年に一度のペースで改訂が行われており，本書執筆時点では，2021年版が最新版となっています。

　コーポレートガバナンス・コードの目的は，上場企業各社に対して，会社の持続的な成長と中長期的な企業価値の向上に向けた取り組みを促すことにあります。不祥事の防止などの守りの面をカバーしつつも，積極的に企業価値を高めていく攻めの面でのコーポレートガバナンスに主眼を置いており[8]，コーポレートガバナンスの意義を「会社が，株主をはじめ顧客・従業員・地域社会等の立場を踏まえた上で，透明・公正かつ迅速・果断な意思決定を行うための仕組み」と定義しています。

　コーポレートガバナンス・コードは，上場企業各社に対し，短期的に企業価値を高めるのではなく，中長期的にこれを高めていくことを求めています。持続的な成長や長期的な会社の利益という点は，コーポレートガバナンス・コードのもとになっているとされる「G20/OECDコーポレート・ガバナンス原則」でも強調されており，米国や英国などで問題となったShort-termism（短期主義）な経営に陥ることのないように，会社の成長や経済的価値の向上を，中長期の時間軸で捉えています。

　コーポレートガバナンス・コードは，ヨーロッパやアジア諸国を中心に世界で広く普及しています。中でもコーポレートガバナンス・コードの発祥の地である英国のコーポレートガバナンス・コードの影響力は大きく，日本のコーポレートガバナンス・コードも英国のコードを参考に作られています。

■コーポレートガバナンス・コードの構成と適用

　コーポレートガバナンス・コードには，会社の持続的な成長と中長期的な企

8　コーポレートガバナンス・コードの策定に関する有識者会議「コーポレートガバナンス・コードの基本的な考え方　コーポレートガバナンス・コード原案〜会社の持続的な成長と中長期的な企業価値の向上のために〜」（2015年3月5日）2頁。

業価値の向上に向けた取り組みを上場企業各社に促すために，**5つの基本原則**と，各基本原則を具体化した**31の原則**，さらにその原則を具体化した**47の補充原則**が定められています。

　プライム市場・スタンダード市場の上場会社には，コードの全原則が適用され（一部の原則はプライム市場上場会社にのみ適用），グロース市場の上場会社には，コードの基本原則のみが適用されます。

【図表1－6】　コードの基本原則と原則（原則はタイトルのみ）

第1章　株主の権利・平等性の確保	
基本原則1 　上場会社は，株主の権利が実質的に確保されるよう適切な対応を行うとともに，株主がその権利を適切に行使することができる環境の整備を行うべきである。 　また，上場会社は，株主の実質的な平等性を確保すべきである。 　少数株主や外国人株主については，株主の権利の実質的な確保，権利行使に係る環境や実質的な平等性の確保に課題や懸念が生じやすい面があることから，十分に配慮を行うべきである。	原則1－1．株主の権利の確保 原則1－2．株主総会における権利行使 原則1－3．資本政策の基本的な方針 原則1－4．政策保有株式 原則1－5．いわゆる買収防衛策 原則1－6．株主の利益を害する可能性のある資本政策 原則1－7．関連当事者間の取引
第2章　株主以外のステークホルダーとの適切な協働	
基本原則2 　上場会社は，会社の持続的な成長と中長期的な企業価値の創出は，従業員，顧客，取引先，債権者，地域社会をはじめとする様々なステークホルダーによるリソースの提供や貢献の結果であることを十分に認識し，これらのステークホルダーとの適切な協働に努めるべきである。 　取締役会・経営陣は，これらのステークホルダーの権利・立場や健全な事業活	原則2－1．中長期的な企業価値向上の基礎となる経営理念の策定 原則2－2．会社の行動準則の策定・実践 原則2－3．社会・環境問題をはじめとするサステナビリティを巡る課題 原則2－4．女性の活躍促進を含む社内の多様性の確保 原則2－5．内部通報

動倫理を尊重する企業文化・風土の醸成に向けてリーダーシップを発揮すべきである。	原則2－6．企業年金のアセットオーナーとしての機能発揮

第3章　適切な情報開示と透明性の確保

基本原則3 　上場会社は，会社の財政状態・経営成績等の財務情報や，経営戦略・経営課題，リスクやガバナンスに係る情報等の非財務情報について，法令に基づく開示を適切に行うとともに，法令に基づく開示以外の情報提供にも主体的に取り組むべきである。 　その際，取締役会は，開示・提供される情報が株主との間で建設的な対話を行う上での基盤となることも踏まえ，そうした情報（とりわけ非財務情報）が，正確で利用者にとって分かりやすく，情報として有用性の高いものとなるようにすべきである。	原則3－1．情報開示の充実 原則3－2．外部会計監査人

第4章　取締役会等の責務

基本原則4 　上場会社の取締役会は，株主に対する受託者責任・説明責任を踏まえ，会社の持続的成長と中長期的な企業価値の向上を促し，収益力・資本効率等の改善を図るべく， 　(1)　企業戦略等の大きな方向性を示すこと 　(2)　経営陣幹部による適切なリスクテイクを支える環境整備を行うこと 　(3)　独立した客観的な立場から，経営陣（執行役及びいわゆる執行役員を含む）・取締役に対する実効性の高	原則4－1．取締役会の役割・責務(1) 原則4－2．取締役会の役割・責務(2) 原則4－3．取締役会の役割・責務(3) 原則4－4．監査役及び監査役会の役割・責務 原則4－5．取締役・監査役等の受託者責任 原則4－6．経営の監督と執行 原則4－7．独立社外取締役の役割・責務 原則4－8．独立社外取締役の有効な活用

い監督を行うこと をはじめとする役割・責務を適切に果たすべきである。 　こうした役割・責務は，監査役会設置会社（その役割・責務の一部は 監査役及び監査役会が担うこととなる），指名委員会等設置会社，監査等委員会設置会社など，いずれの機関設計を採用する場合にも，等しく適切に果たされるべきである。	原則4－9. 独立社外取締役の独立性判断基準及び資質 原則4－10. 任意の仕組の活用 原則4－11. 取締役会・監査役会の実効性確保のための前提条件 原則4－12. 取締役会における審議の活性化 原則4－13. 情報入手と支援体制 原則4－14. 取締役・監査役のトレーニング
第5章　株主との対話	
基本原則5 　上場会社は，その持続的な成長と中長期的な企業価値の向上に資するため，株主総会の場以外においても，株主との間で建設的な対話を行うべきである。 　経営陣幹部・取締役（社外取締役を含む）は，こうした対話を通じて 株主の声に耳を傾け，その関心・懸念に正当な関心を払うとともに，自らの経営方針を株主に分かりやすい形で明確に説明しその理解を得る努力を行い，株主を含むステークホルダーの立場に関するバランスのとれた理解と，そうした理解を踏まえた適切な対応に努めるべきである。	原則5－1. 株主との建設的な対話に関する方針 原則5－2. 経営戦略や経営計画の策定・公表

■プリンシプルアプローチとコンプライ・オア・エクスプレイン

　コーポレートガバナンス・コードは，守らなければならないルールを細かく取り決めるルールベース・アプローチ（細則主義）ではなく，原則のみを定め，具体的にどのような取り組みをするかは各社に委ねる**プリンシプルベース・アプローチ（原則主義）**を採用しています。

　大きな方向性のみが示され，具体的な取り組みが各社に委ねられているということは，各社の状況を踏まえた柔軟な対応が可能になるという意味で企業側

に都合が良さそうな制度のように思われますが，各社横並びで同じような対応をすればよいわけではないため，これまで他社事例を参考に，他社と同じような取り組みを行ってきた実務担当者にとっては，非常に悩ましい制度であるといえます。しかし，それがコーポレートガバナンス・コードの狙いでもあります。

　もう一つ理解しておくべき概念として**コンプライ・オア・エクスプレインの原則**があります。これは，コードに記載されている全ての原則を遵守することを求めるのではなく，遵守するか，しない場合はその理由を説明することを求めるというものです。実務上は，**コーポレートガバナンス報告書**において，開示が求められる14原則の取り組み内容の説明と実施しない原則に関する説明（エクスプレイン）が行われています[9]。たとえば，補充原則1−2④は，株主総会招集通知の英訳を進めるべきとしていますが，海外投資家の比率が低いことなどを説明することで，遵守をしないという対応を取ることも可能です[10]。

　しかし，コーポレートガバナンス・コードに記載された諸原則は，少なくとも"べき論"としてはいずれも正しいことを言っているため，説得力のあるエクスプレインをすることは困難な場合が多いでしょう。そのため，形式的でもいいので，できる限りコンプライをし，極力エクスプレインを減らしたいというのが役員や実務担当者の本音だとは思いますが，形式的なコンプライでは投資家の納得を得ることはできませんので，自社の実態を踏まえた真摯な検討と対応が求められます。

(3)　スチュワードシップ・コード

　コーポレートガバナンス・コードは，上場企業に対し，会社の持続的な成長

9　プライム市場とスタンダード市場で開示が求められる14原則は以下のとおりです。原則1−4，原則1−7，補充原則2−4①，原則2−6，原則3−1，補充原則3−1③，補充原則4−1①，原則4−9，補充原則4−10①，補充原則4−11①，補充原則4−11②，補充原則4−11③，補充原則4−14②，原則5−1（※補充原則4−10①後段及び補充原則3−1③後段はプライム市場のみ）。

10　2023年3月期決算会社の株主総会については，プライム上場企業の93％が招集通知本文と株主総会参考書類の英訳を提供予定である一方，スタンダード市場は11.1％，グロース市場は9.9％にとどまっている状況です（東京証券取引所「2023年3月期決算会社の定時株主総会の動向について」（2023年4月24日）6頁。

と中長期的な企業価値の向上に向けたアクションを求めていますが，企業が持続的な成長と中長期的な企業価値の向上を実現するためには，投資のプロである機関投資家の協力が不可欠です。機関投資家が取締役経営陣を甘やかしてしまったら企業価値は高まらず，そうなれば，機関投資家の背後にいる「顧客・受益者」の投資リターンの拡大を図ることはできません。

　こうした事態に陥らないように，機関投資家に対し，建設的な対話などを通じて投資先企業の企業価値の向上や持続的成長を促すことで，「顧客・受益者」の中長期的な投資リターンの拡大を図ることを求めているのが**スチュワードシップ・コード**です。スチュワードシップ・コードの受入れを表明した機関投資家には，**スチュワードシップ責任**（<u>投資先企業やその事業環境等に関する深い理解のほか運用戦略に応じたサステナビリティ〔ESG要素を含む中長期的な持続可能性〕の考慮に基づく建設的な「目的を持った対話」〔エンゲージメント〕などを通じて，当該企業の企業価値の向上や持続的成長を促すことにより，「顧客・受益者」の中長期的な投資リターンの拡大を図る責任</u>）を果たすことが求められます。

　コーポレートガバナンス・コードは，取締役経営陣に対して企業価値向上に向けた株主との対話を促している一方で（コード基本原則5），スチュワードシップ・コードは，機関投資家側に企業価値向上に向けた取締役経営陣との対話を促しており，両コードは，企業価値向上に向けた対話を実現するうえで「車の両輪」の関係にあります。

⑷　コーポレートガバナンス・コードの主な関連ガイドライン等

　経済産業省のHPでは，コーポレートガバナンス・コードを実践するための実務指針として，①コーポレート・ガバナンス・システムに関する実務指針（CGSガイドライン），②指名委員会・報酬委員会及び後継者計画の活用に関する指針（CGSガイドライン別冊），③グループ・ガバナンス・システムに関する実務指針（グループガイドライン），④事業再編実務指針～事業ポートフォリオと組織の変革に向けて～（事業再編ガイドライン），⑤社外取締役の在り方に関する実務指針（社外取締役ガイドライン）が公表されています（図表1－5参照）。

　中でも中心となる実務指針は，CGSガイドラインです。CGSガイドラインは，上場企業各社がコーポレートガバナンス・コードの原則を実践するに当たって考えるべき内容について，コーポレートガバナンス・コードと整合性を保ちつつ示すことで補完するとともに，「稼ぐ力」を強化するために有意義と考えられる具体的な行動を取りまとめたものです[11]。

【図表1－7】　各実務指針の概要

実務指針	概　要
CGSガイドライン	コードの原則を実践するに当たって考えるべき内容について，コーポレートガバナンス・コードと整合性を保ちつつ示すことで補完するとともに，「稼ぐ力」を強化するために有意義と考えられる具体的な行動を取りまとめたもの。
CGSガイドライン別冊	CGSガイドラインの別冊として，主に指名委員会・報酬委員会の活用及び社長・CEOを中心とした後継者計画の策定及び運用について，まとめたもの。
グループガイドライン	企業グループ全体の価値向上を図る観点から，グループ経営において「守り」と「攻め」両面でいかにガバナンスを働かせるか，事業ポートフォリオをどのように最適化するかなど，グループガバナンスの在り方を示したもの。
事業再編ガイドライン	事業再編に焦点を当て，経営陣における適切なインセンティブ，取締役会による監督機能の発揮，投資家とのエンゲージメントへの対応，事業評価の仕組みの構築と開示の在り方を整理するとともに，事業の切り出しを円滑に実行するための実務上の工夫についてベストプラクティスを取りまとめたもの。
社外取締役ガイドライン	社外取締役に期待される役割を明確にし，そのような役割を果たすために行うべき具体的な取り組みについてベストプラクティスを取りまとめたもの。

11　CGSガイドライン・6頁。

　2022年改訂版CGSガイドラインでは，取締役会の役割・機能の向上，社外取締役の資質・評価の在り方，経営陣のリーダーシップ強化のための環境整備などの観点から，コーポレートガバナンス改革を「形式」から「実質」へ進化させるとともに，「稼ぐ力」を強化するうえでの重要事項が追記されています。

　2023年には，これらの実務指針に加え，「**社外取締役向け研修・トレーニングの活用の8つのポイント，社外取締役向けケーススタディ集―想定される場面と対応―**」と「**『攻めの経営』を促す役員報酬～企業の持続的成長のためのインセンティブプラン導入の手引～（2023年3月時点版）**」が公表されています。

　この他にもコーポレートガバナンス・コードに関連するガイドラインが多々存在します。

　金融庁が策定している「**投資家と企業の対話ガイドライン**」もその一つです。上場企業と機関投資家には，それぞれコーポレートガバナンス・コードとスチュワードシップ・コードに基づいて持続的な成長と中長期的な企業価値の向上に向けた対話を行うことが求められていますが，対話を行う際に重点的に議論することが期待される事項を取りまとめたものがこの対話ガイドラインです。「経営環境の変化に対応した経営判断」，「投資戦略・財務管理の方針」，「CEOの選解任・取締役会の機能発揮等」，「ガバナンス上の個別課題」の4つの項目が取り上げられています。

　上場企業各社に対してROE8％以上を求めたことが実務に多大な影響を与えた「**伊藤レポート**」も，コーポレートガバナンス・コードと合わせて内容を理解しておくことが重要です。伊藤レポートは，その後，非財務情報の視点を盛り込んだ「**伊藤レポート2.0**」，サステナビリティとトランスフォーメーションの視点を盛り込んだ「**伊藤レポート3.0**」が公表されています。

　伊藤レポート3.0と同時に公表された「**価値協創ガイダンス2.0**」も実務上大きな影響力を持っています。価値協創ガイダンス2.0は，企業と投資家が統合思考に基づく情報開示や対話を通じて互いの理解を深め，両者に持続的な価値協創に向けた行動を促すことを目的として策定されたもので，企業にとっては，「企業経営者が，統合思考に基づき，自らの経営理念やビジネスモデル，戦略，ガバナンス等を一連の価値創造ストーリーとして投資家に伝えるための手引」

となるものであり，投資家にとっては「中長期的な観点から企業を評価し，投資判断やスチュワードシップ活動に役立てるための手引」となるものです[12]。近時，統合報告書（財務情報とガバナンスや知的財産などの非財務情報を統合したレポート）を公表する企業が増えてきていますが，公表されている多くの統合報告書が価値協創ガイダンスを参考に策定されています。

　コーポレートガバナンス・コードは，人的資本への投資とその説明を求めていますが[13]，人的資本に関するソフトローも策定・公表されています。「**人材版伊藤レポート2.0**」は，「人的資本」の重要性を認識するとともに，人的資本経営という変革を，どう具体化し，実践に移していくかを主眼として，それに有用となるアイディアを提示しています。人材版伊藤レポート2.0が人材戦略の中身を示したものであるのに対し，それを可視化する方法や可視化に向けたステップを示しているのが「**人的資本可視化指針**」です。人材版伊藤レポートと人的資本可視化指針を併せて活用することで相乗効果が期待できるとされています。

　知財・無形資産についても，知財・無形資産の投資・活用戦略等について，企業と投資家との間の対話や情報開示の質を高めるためのコミュニケーション・フレームワークを提示した「**知財・無形資産ガバナンスガイドライン**」が公表されています。

⑸　議決権行使助言基準

　当局が策定するガイドラインや公表資料以外にも実質的にソフトローと同様の役割を果たしているものがあります。ISS（Institutional Shareholder Services）やグラスルイスなどの**議決権行使助言会社が策定する議決権行使助言基準**です。パッシブ運用の普及が進む中で[14]，日本では，多くの運用機関が議決権行使助言会社を利用しているため，議決権行使助言会社が提示する反対推奨の基準に抵触しないようにすることは，株主総会で多くの株主から賛同を得るうえでの重要なミッションとなっています。

12　価値協創ガイダンス2.0「本ガイダンスに期待される役割」7頁。
13　CGコード補充原則3－1③，補充原則4－2②，原則5－2参照。
14　パッシブ運用については本書33頁を参照。

　たとえば，公表されているISSの2024年版議決権行使助言基準を見ると，「いわゆる政策保有株式の過度な保有が認められる場合（政策保有株式の保有額が純資産の20%以上の場合）」や「株主総会後の取締役会に女性取締役が一人もいない場合」には，経営トップである取締役の選任議案に原則として反対を推奨するとしており，経営トップの反対推奨を回避するためには，政策保有株式の売却を進めることや女性取締役を選任しておくことが重要になります[15]。

　また，資本生産性が低く，改善傾向にない場合（過去5期平均の自己資本利益率［ROE］が5%を下回り，かつ直近年度のROEが5%未満の場合）も経営トップである取締役の選任議案に原則反対を推奨するとの基準が示されています[16]。

　議決権行使助言会社は，上場企業各社に対して経営改革やコーポレートガバナンス改革を後押しする存在として重要な役割を果たしていますが，他方で，議決権行使助言会社が強い影響力を有することを懸念する声もあり，「（議決権行使助言会社の）関連会社が上場企業向けのコンサルティング業務を行っている場合，クライアント企業に対する推奨内容が取締役経営陣にとって有利なものになるおそれがある」，「対象会社の実質面を評価せずに，形式的・画一的な基準の適用に終始しがちである」などの問題点が指摘されています[17]。

　こうした問題を受け，スチュワードシップ・コードでは，議決権行使助言会社に対して，機関投資家に対して適切なサービス提供を行うことを求めるとともに[18]，機関投資家に対しても，議決権行使助言会社の助言に機械的に依拠するのではなく，投資先企業の状況や当該企業との対話の内容等を踏まえ，自らの責任と判断の下で議決権を行使することなどを求めています[19]。

　いろいろと課題が指摘されている議決権行使助言会社ですが，議決権行使助言会社が策定する議決権行使助言基準の内容を把握しておくことは実務上重要

15　ISS「2024年版日本向け議決権行使助言基準」5-6頁。
16　ここ数年はコロナ禍の影響で，この基準の適用が停止されていましたが，2024年版から復活しました。
17　梅本剛正「議決権行使助言会社の規制」証研レポート1717号（2019）40-41頁。
18　スチュワードシップ・コード原則8。
19　スチュワードシップ・コード指針5-4。

なことですので，上場企業の役員や実務担当者としては，毎年公表される改訂版議決権行使助言基準に目を通しておく必要があるでしょう。

4　ガバナンスに関連する基本概念

　本書は，企業価値向上に向けた攻めのガバナンスに焦点を当てていますが，もちろん企業価値の毀損を防ぐ守りのガバナンスも重要です。以下，主として守りの面で重要な役割を果たす，ガバナンスに似て非なる基本的な概念を簡単に見ていきます。

(1)　コンプライアンス

　まずは，コンプライアンスです。従前，コンプライアンスという用語は，「法令遵守」という意味合いで使われていましたが，現在は，法令を遵守するとともに，「社会的・倫理的に正しい」という水準を守ること，という意味合いで使われるようになっています。実務上，コンプライアンス部門の担当者は，適用法令と関連ガイドラインをチェックするだけという場合が多いかもしれませんが，それだけではコンプライアンス部門に求められる役割を果たしたことにはなりません。企業倫理や社会受容性を基準にした判断が求められます。

　コンプライアンス違反を抑止するとともに，違反を是正していくうえで重要な役割を果たすのが**内部通報制度**です。コーポレートガバナンス・コードでも，取締役会は適切な内部通報制度を整備する責務を負うとともに，その運用状況を監督すべきとしています[20]。上場企業であれば少なくとも外形上は内部通報制度が設けられているはずですが，問題はその実効性です。立派な内部通報制度を作ったとしても，個別の通報案件を調査し，事実を認定し，評価をするという案件処理を適切に行うことができなければ内部通報制度は機能しませんので，社内研修等を通じて，実務担当者の案件処理スキルを高めていくことが重要です。また，経営陣がコンプライアンス違反に関わっている場合，通報が黙殺されてしまうリスクがあるため，経営陣から独立した窓口（たとえば，社外

20　CGコード原則2−5。

取締役と監査役による合議体を窓口とする等）を設置することも重要になります[21]。

⑵　リスクマネジメント

　次は，リスクマネジメントです。自社（自社グループ）の事業に影響を及ぼし得るリスクは，法令や社会規範に違反するコンプライアンスリスクだけではありません。自然災害や地政学リスクなど，経営に影響を及ぼしうる様々なリスクが含まれます。また，リスクには，企業の損失に影響を与える不確実性に加えて，消費者のニーズの変化や技術の発展に伴う売上の減少などの企業収益に影響を与える不確実性も含まれ，その両面を適切にマネジメントすることが求められます。

　リスクマネジメントのプロセスは，自社の事業に影響を及ぼし得るリスクを特定するところから始まり，影響度と発生可能性を尺度に分析・評価し，優先順位を付けながら必要な対応を進めていきます。対応に当たっては，リスク回避を目指すのか，リスク低減を目指すのか，保険への加入等を通じてリスク移転を図るのか，リスクを受容するのかを判断することになります。そして，これらの一連の対応に問題がないかを継続的にモニタリングし，改善を行っていきます。

　コーポレートガバナンス・コードは，「取締役会は，（人権や環境などの）サステナビリティを巡る課題への対応は，リスクの減少のみならず収益機会にもつながる重要な経営課題であると認識し，中長期的な企業価値の向上の観点から，これらの課題に積極的・能動的に取り組むよう検討を深めるべき」としており[22]，サステナビリティ課題がリスクマネジメントの対象となる重要な課題であることを明らかにするとともに，取締役会が中心となってこれに取り組むことを求めています。サステナビリティ課題への対応については，本書第2部第2章で詳しく見ていきます。

21　CGコード補充原則2-5①。
22　CGコード補充原則2-3①。

(3)　内部統制

　次は，**内部統制**です。内部統制という用語には2つの意味があります。

　一つは，金融商品取引法に定めがある内部統制報告制度（J-SOX）における内部統制（財務報告に係る内部統制）です。内部統制報告制度は，会計不正が問題となったエンロン事件をきっかけに2002年に米国で制定されたサーベンス・オクスリー法（SOX法）を参考に，金融商品取引法で設けられたもので，上場会社は，監査人（監査法人）の監査を受けた内部統制報告書を内閣総理大臣に提出することが義務付けられました。その制定経緯からも明らかなように，内部統制報告制度の主要な目的は，不正会計や不適正な会計処理が行われるのを防止し，財務諸表の適正さを確保することにあります。

　もう一つの内部統制は，会社法上の内部統制[23]です。この内部統制には，後に見る，内部監査部門の設置や監査役監査の実効性を確保するための体制の整備なども含まれます。会社法上の内部統制の目的は，取締役の職務の法令・定款適合性をはじめとする業務の適性の確保にあり，会計不正や不適正な会計処理の防止は目的の一部に過ぎません。上場会社の取締役には，善管注意義務の一環として，適切な内部統制システムを構築し，これを運用することが求められ，コーポレートガバナンス・コードでも，適切な内部統制を整備することは取締役会の責務であるとされています[24]。

(4)　監　査

　最後は，**監査**です。

　監査には，内部監査，監査役監査，会計監査人監査があり，三様監査と呼ばれます。まずは，**内部監査**を見ていきましょう。企業がリスクを適切に管理していくためには，①業務執行を行う部門におけるセルフチェック（1線），②法務・コンプライアンス部門やリスクマネジメント部門等の管理部門によるチェック（2線），③1線と2線によるチェック体制が機能していることの

---

[23]　会社第362条第5項。
[24]　CGコード原則4-3。

チェック（3線），という3つのディフェンスラインが適切に機能していることが重要になります。

　この3つのディフェンスラインのうち，3線のチェック機能を果たすのが内部監査です。内部監査部門は，一般に，執行部門（社長）直轄の組織として作られ，執行部門の指揮命令下で①や②のチェック体制が適切に機能しているかを監査します。ただし，経営陣が不正に関与してしまうと内部監査部門が機能不全に陥ってしまうため，内部監査部門の実効性を確保するためには，執行部門だけでなく，取締役会や監査役会へ直接報告する仕組み（デュアルレポーティング）を整備することが重要であると考えられており[25]，現にこうした仕組みを導入している企業が多く見られます。改正開示府令でも，有価証券報告書において新たに開示が求められることになった「内部監査の実効性を確保するための取組」の一例としてデュアルレポーティングが挙げられています。

　次は，**監査役監査**（監査等委員会設置会社の場合は監査等委員である取締役による監査）です。監査役による監査は，執行部門の外から，取締役の職務執行を監査するというもので，内部監査とは役割が異なります。監査役監査については，監査役の権限が，取締役の職務の適法性を監査することに限定されるか，適法性を超えて妥当性を監査する権限まで有するかという古典的な議論がありますが，企業を取り巻くリスクは多様化・複雑化しており，もはや取締役の職務執行が適法であれば足りるという時代ではありません。適法性監査の範囲で線引きしてしまっては監査役としての職責を果たすことはできないでしょう。

　ただし，取締役の職務の妥当性に対してまで指摘をするためには，法務や会計に関する一般的な知識に加え，経営やコーポレートファイナンスなどの関連分野に関しても一定程度の知見をもっている必要があるほか，自社の経営に影響を及ぼし得る世の中の動きやトレンド，炎上事案などもある程度把握できていなければなりません。監査役に限った話ではありませんが，日々の勉強・情報収集が大切です。

25　CGコード補充原則4−13③参照。

　会計監査人監査は，会社の計算書類[26]が，一般に公正妥当と認められる企業会計の慣行に従って適正に作成されているかを，会社の外部にいる公認会計士（監査法人）がチェックするというものです。監査役監査では，会計と会計以外の業務について，適法性と妥当性をチェックしますが，監査役は必ずしも会計に関して専門的な知見をもっているわけではないため，会計については，会計のスペシャリストである公認会計士（監査法人）がチェックをする体制が取られているというわけです[27]。上場企業は，会社法上の会計監査のほかに，金融商品取引法上，監査人による財務諸表[28]監査と内部統制監査が必要になりますが，実務上，会社法上の会計監査人と金融商品取引法上の監査人は同じ監査法人が務めます。

　監査法人は，会社の作成した計算書類，財務諸表，内部統制報告書を監査した結果を踏まえて，監査報告書の中で意見表明を行いますが，実務上，ほとんどのケースで，全ての重要な点において適正に表示しているという無限定適正意見が記載され，全体としては適正であるが一部不適切な事項があるとする限定付適正意見や全体に重要な影響を与えるほどの不適切な事項があるとする不適正意見，十分な証拠が入手できないために意見が表明できないとする意見不表明が記載されるケースは極めて稀です[29]。

　ただし，監査報告書で無限定適正意見が記載されつつも，事後的に粉飾決算や不適切な会計処理が発覚する事例が相次ぐ中で，監査法人による監査の存在意義や実効性が問われるようになり，以前と比べると，意見不表明や限定付適正意見が出される事例が多く見られるようになってきています[30]。

26　貸借対照表，損益計算書，株主資本等変動計算書及び個別注記表。
27　会社第396条第1項参照。
28　貸借対照表，損益計算書，キャッシュフロー計算書。
29　不適正意見や意見不表明が記載された場合，直ちに上場廃止としなければ市場の秩序を維持することが困難であることが明らかであると取引所が認めるときは，上場廃止となるほか，内部管理体制等について改善の必要性が高いと取引所が認めるときは，特設注意市場銘柄への指定や改善報告書の提出要求の対象となります。
30　東京証券取引所のウェブサイトにおいて，「不適正意見・意見不表明・限定付適正意見等一覧」が掲載されており，2022年は，意見不表明が記載されたケースが2社5件，限定付適正意見（限定付結論）が記載されたケースが7社23件公表されています（筆者調べ）。

第2章

日本企業の企業価値が高まらない要因と背景

Questions

- 上場企業の企業価値が高まらない背景にはどのような問題があるの？
- 持ち合い株式や政策保有株式は何が問題なの？
- 投資家は企業価値向上に向けた役割を果たしてきたの？
- 法令やガイドラインなどの現行ルールにはどのような課題があるの？

概　要

　コーポレートガバナンス・コードの導入後，企業価値の向上に向けた取り組みを促す様々な実務指針やガイドラインが策定され，上場企業各社において，社外取締役の増員や取締役会の実効性評価，統合報告書の策定などの様々な取り組みが進められていますが，上場企業全体で見ると，肝心の稼ぐ力は弱く，PBRが1倍を割れるバリュー株状態にある企業も少なくありません。

　コーポレートガバナンス・コードが導入され，企業価値向上に向けたコーポレートガバナンス改革が求められるようになってから10年を迎えようとする中で，なぜ日本企業の企業価値は低迷し続けているのでしょうか。本章では，上場企業各社で様々な取り組みが進められているにもかかわらず，企業価値が高まらない要因と背景を概観していきます。

1　取締役の問題―機能しなかった社外取締役―

　長年にわたり上場企業の企業価値が高まってこなかったのは，端的に，経営者が企業価値の向上に向けて将来キャッシュを増やしていく攻めの経営を行っ

てこなかったからに他なりません。成長よりも安定を重視した経営を行うことで，上場企業の企業価値は高まらず，株価も低迷する状況が続いてきました。

　こうした状況を打開するために，コーポレートガバナンス・コードや関連ガイドラインが整備され，“ガバナンスの形を整えること”を通じて上場企業各社の企業価値向上を後押ししてきたのがこの10年であり，中でも社外取締役には強い期待がありました。コーポレートガバナンス・コード（2015）によってマザーズを除く上場企業各社に対し，社外取締役を2名以上置くことを求めることにより，経営陣に対する監督機能の強化を通じて企業価値向上に向けた攻めの経営が行われることが期待されたわけです。しかし，“お飾りの社外取締役”などと言われるように，頼みの社外取締役も企業価値向上に向けた実効的な役割を果たすことができませんでした。

　こうした状況を受けて，2021年11月に経済産業省に設置されたコーポレート・ガバナンス・システム研究会（第3期）において，社外取締役の意識変革と資質向上の重要性が指摘され，近時では，金融庁が公表した「コーポレートガバナンス改革の実質化に向けたアクション・プログラム」（2023年4月）においても「独立社外取締役に対して期待される役割の理解促進のための啓発活動（研修を通じたスキルアップ等）の実施を進める」旨が明記されるなど，社外取締役の質の向上を後押しする動きが加速しています。

　社外取締役の問題については，第4部第1章4で詳しく見ていきます。

2　株主の問題

(1)　安定株主の問題─持ち合い株式による株主ガバナンスの機能不全─

　上場企業の企業価値が高まらなかった背景には，資本市場を通じて取締役経営陣を規律付ける力（株主ガバナンス）が十分に働いてこなかったという問題もあります。

　日本では，オーナー株主が存在する上場企業が少なくないうえに，取引先等と株式を保有し合う**持ち合い株式が広く普及**していることで，一般株主によるガバナンスが十分に働いてこなかったという歴史があります。通常，投資家は，投資先企業に対して期待をしている利回りが存在するため，企業価値向上に向

けた合理的な経営を行うこと（たとえば，収益性の高い事業への選択と集中など）を取締役経営陣に求めますが，持ち合い関係にある株主は，お互いに経営に対して口を出さない"**物言わぬ株主**"であるため，持ち合い関係にある株主の保有比率が高くなると，資本市場を通じた取締役経営陣に対する規律が働きにくくなってしまいます[31]。

　また，コーポレートガバナンス・コードや関連ガイドライン，経営改革を促す当局からの各種の要請への対応についても，支配株主や安定株主が存在する企業ほど対応が甘くなる傾向が見られます[32]。

　こうした状況を改善するために，取引関係の強化などの目的で保有される**政策保有株式**[33]の縮減に向けたルール改訂が進められています。コーポレートガバナンス・コードでは，2018年改訂版から，政策保有に関する方針の開示を求める原則に，具体例として，「政策保有株式の縮減に関する方針・考え方」が明示されるなど，政策保有株式の縮減を促す内容が追記されました。

CGコード原則1－4（政策保有株式）

　上場会社が政策保有株式として上場株式を保有する場合には，政策保有株式の縮減に関する方針・考え方など，政策保有に関する方針を開示すべきである。また，毎年，取締役会で，個別の政策保有株式について，保有目的が適切か，保有に伴う便益やリスクが資本コストに見合っているか等

31　相関レベルではあるものの，株式の政策保有や持ち合いが資本効率を引き下げていることが実証研究において確認されています（宮島英昭＝齋藤卓爾「企業統治改革のインパクト〔上〕─政策保有株の縮小と資本効率の改善は実現したのか─」旬刊商事法務2336号（2023）9頁）。

32　2023年に3月31日に，東京証券取引所から「資本コストや株価を意識した経営の実現に向けた対応」に関する開示が求める要請が出されましたが，株式所有状況に偏りがある企業，特に支配株主を有する企業では，相対的に開示が進んでいないという調査結果が示されています（東京証券取引所上場部「資本コストや株価を意識した経営の実現に向けた対応」に関する企業の対応状況とフォローアップ」〔2023年8月29日〕6頁）。

33　政策保有株式の全てが持ち合い関係にあるわけではなく，政策保有株式と持ち合い株式は同義ではありません。2011年度～2019年度の政策保有株式を対象に行われた実証研究では，政策保有株式のうち約55％が持ち合い関係にあるとの結果が示されています（宮島＝齋藤・前掲注（31）8頁）。

を具体的に精査し，保有の適否を検証するとともに，そうした検証の内容
について開示すべきである。

　上場会社は，政策保有株式に係る議決権の行使について，適切な対応を
確保するための具体的な基準を策定・開示し，その基準に沿った対応を行
うべきである。

補充原則

1－4①　上場会社は，自社の株式を政策保有株式として保有している会
　　社（政策保有株主）からその株式の売却等の意向が示された場合には，
　　取引の縮減を示唆することなどにより，売却等を妨げるべきではない。

1－4②　上場会社は，政策保有株主との間で，取引の経済合理性を十分
　　に検証しないまま取引を継続するなど，会社や株主共同の利益を害する
　　ような取引を行うべきではない。

　また，2019年改正開示府令では，純投資と政策保有株式の区分の基準や考え
方，政策保有株式の保有方針や保有の合理性を検証する方法，保有の適否に関
する取締役会等における検証の内容，保有株式数が増加した場合の増加の理由，
個別銘柄における保有目的，効果（定量的な保有効果を含めた具体的な記載）
の開示が新たに求められるとともに，個別銘柄の開示対象が30銘柄から60銘柄
に拡大され，さらに2023年1月施行の改正開示府令では，保有目的が当該株式
の発行者との間の営業上の取引，業務上の提携その他これらに類する事項を目
的とするものである場合には，当該事項の概要を開示することが求められるよ
うになりました。

　このほか，東証の市場再編に合わせて流通株式の定義の見直しが行われるな
ど，政策保有株式の縮減を促す動きが加速しています[34]。

34　流通株式とは，上場有価証券のうち，大株主及び役員等の所有する有価証券や上場会社
　が所有する自己株式など，その所有が固定的でほとんど流通可能性が認められない株式を
　除いた有価証券を言います。新市場移行に伴い，国内の普通銀行，保険会社及び事業法人
　等が所有する株式が，流通株式から除かれることになりました（ただし，直近の大量保有
　報告書や当取引所所定の保有状況報告書等に基づき，所有目的が純投資であることが明ら
　かであり，売買の状況を踏まえ東証が適当と認めるものは流通株式として取り扱われま
　す）。上場を維持するための基準として，流通株式数・時価総額，株式流動比率（プライ

　政策保有株式の縮減に向けたルール改訂が進められる中で，政策保有株式の数は減少傾向にあり，今後は，資本市場を通じた取締役経営陣に対する規律付けが強まっていくと予想されます。

(2)　機関投資家の問題─実効性に課題の残るスチュワードシップ活動─

　株主によるガバナンスが不十分なもう一つの要因として，投資家によるエンゲージメント不足の問題があります。

　2014年にスチュワードシップ・コードが導入されてから，同コードの受入れを表明した機関投資家には，スチュワードシップ責任（本書18頁を参照）を果たすことが求められるようになり，コーポレートガバナンス・コードとスチュワードシップ・コードの導入を通じて，取締役経営陣と投資家の間での企業価値の向上に向けた充実した対話が行われることが期待されましたが，残念ながら，両コードが期待する対話は実現されてこなかったというのが実情です。投資家との対話や情報開示に消極的な取締役経営陣の姿勢がその主たる要因であることは言うまでもありませんが，スチュワードシップ責任を果たすための積極的なエンゲージメントを行ってこなかった機関投資家側にも責任の一端があります。

　2023年の1月から2月にかけて機関投資家に対して行われたアンケート調査の結果を見ると，企業に対してエンゲージメントを行う担当者のスキルや能力（財務分析を行う能力や対話能力など）の不足が重要な課題として認識されていることが窺えます（図表1−8）[35]。実効的なエンゲージメント活動を行っていくための組織構築や人材育成に関する課題に対する取り組みを推進していくことは，スチュワードシップ・コードにおいても求められているところですが[36]，業界全体で実効的なエンゲージメントを担える人材が不足しており，状況の改善にはもうしばらく時間がかかりそうです。

　ム市場は35％以上，スタンダード市場とグロース市場は25％以上）が定められているため，流通株式の定義の変更には，政策保有株式や持ち合い株式の解消を促す効果があります。
[35]　みずほリサーチ＆テクノロジーズ株式会社「『機関投資家等のスチュワードシップ活動に関する実態調査』最終報告書」（2023年3月）6頁。
[36]　スチュワードシップ・コード指針7−2。

　パッシブ投資家の問題もあります。機関投資家による株式の運用には，大き
く，①個別の銘柄を選んで投資を行い，TOPIXなどのベンチマークを上回る
運用成果を目指す**アクティブ運用**と，②個別の銘柄に着目するのではなく，
TOPIXなどのベンチマークに連動する運用成果を目指すパッシブ運用の2つ
がありますが，諸外国同様，日本の株式市場においても，**パッシブ運用**の占め
る割合が高くなってきています（図表1−9上段参照）。アクティブ運用の投
資家は，個別の投資先企業を詳細に分析しながらエンゲージメントを行うイン
センティブを持ちますが，パッシブ運用の投資家が関心を持つのは，ベンチ
マークにしているインデックス全体の底上げであり，アクティブ投資家のよう
に，個別の投資先と積極的にエンゲージメントを行うことについて強い関心を
持ちません。また，パッシブ投資家が，投資先と対話を行おうとしたとしても，
たとえば，TOPIX構成企業の数は2000社を超えるため，全ての投資先企業に
対して丁寧なエンゲージメントを行うことは難しく，資本収益性の低さなど，
国内株式市場の共通課題をもとに，重点的に対話を行う企業を選定して対応せ
ざるを得ないのが実情です。運用機関におけるエンゲージメント担当者一人当
たりの平均担当者数を見ると，アクティブ運用では，過半数が20社以下となっ
ていますが，パッシブ運用では，約7割が20社以上となっています[37]。

　また，株主総会における議決権行使に関しても，各機関投資家が設定してい
る議決権行使基準に従って形式的に判断するのではなく，各投資先企業の実態
を踏まえて柔軟な対応をしていく必要性が指摘されています[38]。

　2020年改訂版のスチュワードシップ・コードでは，「パッシブ運用は，投資
先企業の株式を売却する選択肢が限られ，中長期的な企業価値の向上を促す必
要性が高いことから，機関投資家は，パッシブ運用を行うに当たって，より積
極的に中長期的視点に立った対話や議決権行使に取り組むべきである。」（指針
4−3），「機関投資家が投資先企業との間で対話を行うに当たっては，単独で
こうした対話を行うほか，必要に応じ，他の機関投資家と協働して対話を行う
こと（協働エンゲージメント）が有益な場合もあり得る」（指針4−5）など

37　みずほリサーチ&テクノロジーズ株式会社・前掲注（35）6頁。
38　金融庁「スチュワードシップ・コード及びコーポレートガバナンス・コードのフォロー
　　アップ会議（第27回）事務局説明資料」（2022年5月16日）17頁，21頁。

【図表1－8】 企業に新たな示唆を与えるためのスチュワードシップ活動を行う上での課題[39]

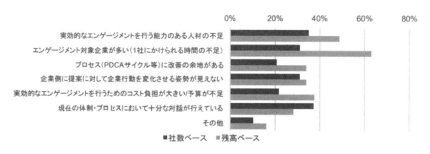

(※)有効回答数：97社（国内株式残高190兆円）

の指針を示し，パッシブ投資家に対して，中長期的な企業価値の向上に向けた取締役経営陣との積極的な対話を促しています。こうした要請を受け，実務上，エンゲージメントの効率化を図る目的で，複数の機関投資家が協働してエンゲージメントを行うケースが増えてきているなど，機関投資家の側にもエンゲージメントの向上に向けた変化が見られ始めています（図表1－9の下段）。

　持ち合い株式の減少が進められ，資本市場を通じて取締役経営陣に対する規律付けを行う土台が整いつつありますが，せっかく土台が整っても，投資家の側が適切なエンゲージメントを行わなければ企業価値向上に向けた株主ガバナンスは働きません。企業価値向上に向けた取締役経営陣との積極的な対話や，企業の実態を踏まえた適切な議決権行使を通じてスチュワードシップ責任を果たすことができるように，機関投資家の側にも，実効的なエンゲージメントを担える人材の確保やエンゲージメント手法の工夫などの対応が求められます[40]。

39　みずほリサーチ＆テクノロジーズ株式会社・前掲注（35）5頁。
40　金融庁から公表された「コーポレートガバナンス改革の実質化に向けたアクション・プログラム「スチュワードシップ・コード及びコーポレートガバナンス・コードのフォローアップ会議」意見書（6）」（令和5年4月26日）においても，運用機関に対し，運用機関における十分なリソースの確保，エンゲージメント手法の工夫などのスチュワードシップ活動の実質化に向けた対応を求めています。
41　金融庁・前掲注（38）28頁。

【図表 1 - 9】 パッシブ運用・協働エンゲージメントの増加[41]

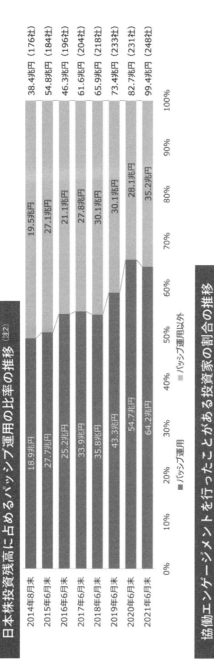

日本株投資残高に占めるパッシブ運用の比率の推移 (注2)

2014年8月末	18.9兆円 / 19.5兆円	38.4兆円 (176社)
2015年6月末	27.7兆円 / 27.1兆円	54.8兆円 (184社)
2016年6月末	25.2兆円 / 21.1兆円	46.3兆円 (196社)
2017年6月末	33.9兆円 / 27.8兆円	61.6兆円 (204社)
2018年6月末	35.8兆円 / 30.1兆円	65.9兆円 (218社)
2019年6月末	43.3兆円 / 30.1兆円	73.4兆円 (233社)
2020年6月末	54.7兆円 / 28.1兆円	82.7兆円 (231社)
2021年6月末	64.2兆円 / 35.2兆円	99.4兆円 (248社)

■ パッシブ運用　■ パッシブ運用以外

協働エンゲージメントを行ったことがある投資家の割合の推移

2017年8月末	7社 / 19社	77社
2018年8月末	9社 / 22社	74社
2019年8月末	12社 / 21社	74社
2020年8月末	15社 / 26社	71社
2021年8月末	24社 / 32社 / 38社	81社

■ 行ったことがある　■ 行ったことはないが今後行う予定　■ 今後も行わない予定

(注1) 協働エンゲージメントとは、他の投資家と協調して個別の投資先企業に対して行動を起こすこと。
(注2) 2016年6月末以前のデータ中、日本株投資残高に占めるインデックス運用及びインデックス運用以外に係るもの。
(出所) 日本投資顧問業協会「日本版スチュワードシップ・コードの対応等に関するアンケートの結果について」(2014年10月実施分から2021年10月実施分まで)より金融庁作成

3 ルールの問題—ソフトロー頼みのルール形成—

　企業価値向上に向けたコーポレートガバナンス改革が進まない背景の一つには，ルール上の問題もあります。

　日本のコーポレートガバナンス改革は，コーポレートガバナンス・コードをはじめとする**ソフトロー主導**で進められているのが大きな特徴です。そのため，ソフトローは強い存在感を示している一方で，会社法をはじめとするハードローの存在感が弱くなってしまっています。もちろん，実務的な内容について，ソフトローで補充をしていくことは有益なことであり，諸外国でも様々な実務指針やガイドラインが整備されていますが，取締役経営陣の中核的な任務や行為規範についてはハードローによる規律付けが行われており，「株主に対する受託者責任」などの取締役の中核的な任務についてまでソフトローのみで規律付けを行うというのは日本特有のルール形成といえます。

　参考までに，米国と英国の例を見てみます。まずは，**米国**です。米国のデラウェア州法下では，取締役は，会社に対する信認義務に加えて，株主に対しても直接に信認義務を負うとされており，デラウェア州で設立された株式会社の取締役には，企業全体の利益のために経営するのとは別に，株主からの信認に応えることが求められます。この株主に対する信認義務の存在により，投資家が期待する収益率（株主資本コスト）を上回るリターンを創出する経営（資本コスト経営）を行うことや，会社支配権の変動の場面において，退出する少数株主の利益の最大化を目指すことなど，株主利益を意識した経営を行うことがハードローによって動機付けられています。米国において，株主の利益を重視した経営が行われている背景には，株主に対する信認義務の存在もあるわけです。

　次は，**英国**です。英国は，米国同様，株主利益を重視する法制が採用されている国ではありますが，会社法の中に，株主以外のステークホルダー利益の考慮を義務付ける条文が定められています。会社の成功を促進する義務を定める172条です。会社法172条のもと，取締役は，「会社の株主全体の利益のために当該会社の成功を促進する可能性が最も大きいであろうと誠実に考えるところ

に従って行動しなければならず，かつ，そのように行動するに当たり従業員やサプライヤー，地域社会への影響等の事項を考慮しなければならない」とされており，漠然と会社の成功のために行動するのではなく，株主の利益を中心としつつも，従業員等のステークホルダーへの影響等を考慮しながら会社を経営することが求められています（図表1−10）。

　そして，この172条の実効性を確保するために，大企業については，ストラテジックレポートと呼ばれる開示資料の中で，ステークホルダーの利益をどのように考慮しながら会社の成功を促進しているのかを記載することが義務付けられているほか，コーポレートガバナンス・コードにおいて，ステークホルダー対応の実効性を確保するための様々な原則が定められています。

【図表1−10】　英国会社法第172条 会社の成功を促進する義務（§172 Duty to promote the success of the company, UK Companies Act 2006）

---

(1)　会社の取締役は，当該会社の社員（株主）全体の利益のために当該会社の成功を促進する可能性が最も大きいであろうと誠実に考えるところに従って行動しなければならず，かつ，そのように行動するに当たり（特に）次の各号に掲げる事項を考慮しなければならない。

(a)　一切の意思決定により長期的に生じる可能性のある結果

(b)　当該会社の従業員の利益

(c)　供給業者，顧客その他の者と当該会社との事業上の関係の発展を促す必要性

(d)　当該会社の事業のもたらす地域社会への影響

(e)　当該会社がその事業活動の水準の高さに係る評判を維持することの有用性

(f)　当該会社の社員（株主）相互間の取り扱いにおいて公正に行動する必要性

　日本はどうでしょうか。日本の会社法には，「善良な管理者の注意をもって，委任事務を処理する義務を負う」（善管注意義務）[42]，「法令及び定款並びに株主総会の決議を遵守し，株式会社のため忠実にその職務を行わなければならな

い」（忠実義務）[43]など，会社に対する取締役の一般的かつ抽象的な義務が定められているだけで，取締役経営陣に対して，株主やその他のステークホルダーの利益を意識した経営を行うことをダイレクトに求める条文は登場しません。後に見るように，取締役の義務の内容は，解釈によって一定程度補充されていますが，それでも明確な方向性は示されず[44]，平時には，取締役は株主の利益を最優先に会社を経営しているとの説明がなされる一方で，会社の買収局面になると，従業員の利益を守るのも取締役の責務であるとの説明がなされるなど，取締役の基本的な任務・行為規範の内容が，状況に応じて会社都合（経営者都合）で変容するという現象が生じてしまっています。

　ハードローには，裁判所で示される判断もありますが，経営事項に関する審査能力の問題もあり，日本の裁判所は，企業価値の議論や経営判断の中身にはあまり立ち入らず，手続がある程度整っていれば，取締役経営陣の判断をそのまま尊重するケースがほとんどです。また，商事判例に限りませんが，日本の裁判所は，過去の裁判例で示された判断基準をそのまま踏襲することが多く，新たな基準や価値判断を示すケースは極めて稀です。国会と裁判所を通じたルール形成が進まない中で，経済産業省や東京証券取引所が中心となってソフトローを通じた“お願いベース”のルール形成が進められているのが現状ということになります。

　ハードローもソフトローも同じではないか，と考える方もいるかもしれませんが，そんなことはありません。違反をした場合に法的な責任を問われるハードローとは異なり，ソフトロー対応は軽視されがちです。ソフトローの改訂を繰り返すだけでは，ベストプラクティスの実践を目指す優等生企業と何もしない問題児企業の二極化を招くことが懸念され，現にそうした事態が起きてしまっているように見受けられます。

　ソフトロー自体にも課題が見えます。先ほどコーポレートガバナンス・コードとその主な関連ガイドラインを見てきてお分かりいだだけたかと思いますが，数多くのガイドラインが策定・公表されており，あれだけの数となると，関連

42　会社第330条，民第644条。
43　会社第355条。
44　本書第1部第3章を参照。

する全ての実務指針とガイドラインの存在を把握するだけでも一苦労でしょう。改訂のスピードも速いため，追いかけるのも大変です。内容も複雑になってきており，ハードローとの関係やガイドライン相互間の関係も見えにくいというのが正直なところです。また，数多くのガイドラインを通じて様々な対応を求められる中で，それぞれのガイドラインが示すメッセージがやや散らかってしまっている印象も受けます。これでは何をどこまで対応すればよいのかわからなくなってしまうのも無理もないことであり，企業の現場で混乱が生じてしまうのも容易に想像できるところです。

　ソフトローを充実させることで上場企業各社に企業価値向上に向けた取り組みを促そうというのが当局の狙いなわけですが，残念ながら，各種ソフトローに記載されたメッセージは，企業の現場に十分に行き届いていないのが現状です。たとえば，対話ガイドラインについては，2022年に行われたアンケート結果を見ると，同ガイドラインを活用していると回答した企業の割合は3割にとどまり，対話ガイドラインを活用する際の課題として，自社の理解が不足していることや，対話方針・プロセスに取り込めていないことなどが挙げられています[45]。

　今後も，ソフトロー中心のルール形成が進められ，多くのガイドラインが策定されていくと予想されますが，中核的な部分はハードローへの落とし込みを行うことで一本筋の通ったメッセージが示されることが望まれます。また，ソフトローについても，いたずらに数を増やすのではなく，ハードローとの対応関係やガイドライン相互間の関係を整理し，対応に多くのリソースを割くことのできない中小型の上場企業においても，内容を理解し，エッセンスを経営や業務の中に落とし込んでいくことが可能なシンプルでわかりやすいガイドラインが整備されていくことを期待したいです。

45　生保協会アンケート2022企業様向けアンケート・23頁。

4　稼ぐ力が高まらない中で押し寄せる
　　ESG・サステナビリティの波が与える混乱

　現在，日本における，企業価値向上に向けた取り組みに関する議論の中心は，ESGやサステナビリティにあると言ってもよいでしょう。伊藤レポート3.0など，直近で出されたガイドラインは，どれもESGやサステナビリティを意識したものであり，出版されている書籍を見ても，ESGやサステナビリティ関連のものが多く目につきます。

　サステナビリティは，各国共通の課題であり，日本の上場企業にもサステナビリティの実現に向けた取り組みが求められることは言うまでもありませんが，各国それぞれに固有の課題もあり，日本の場合は，そもそもの稼ぐ力が弱いという問題を抱えています。稼ぐ力はあるものの，短期主義に陥ることで，人権や環境に配慮したサステナビリティの要素が欠けてしまったというのが米国や英国の上場企業ですが，日本の上場企業は，大前提としての稼ぐ力を高めていくところから始めなければならず，米国や英国の上場企業とは置かれている状況が大きく異なります。

　英国と米国の状況を詳しく見ていきましょう。昨今，英米において進められているコーポレートガバナンス改革の主眼は，ステークホルダーとの共存共栄を通じたサステナビリティの実現にあります。各社利益を出し，株主の期待を上回るリターンを創出してきた一方，行き過ぎた株主至上主義により，従業員や取引先，環境などのステークホルダーのことをないがしろにしてきたことが問題視されるようになり，ステークホルダーとの共存を図りながら持続的に会社を成長していく経営を行うべきだという考え方が広がりを見せるようになってきました。

　英米ともに，株主の利益を中心とするいわゆるシェアホルダープライマシー（株主主権）モデルは維持されていますが，株主以外のステークホルダーの利益を考慮することを後押しする方向での法案やガイドラインの策定が進められており，UKコード2024にも従業員やその他のステークホルダーの利益を意識した原則や条項が盛り込まれています。また，米国においても，2019年の8月

に，米国を代表する経済団体であるビジネス・ラウンドテーブルにおいて，それまでの株主至上主義を見直し，顧客や従業員，サプライヤーなどのステークホルダーに価値を提供していくことが企業の責務であるとの考え方が示され，これを後押しするための法令の整備が進められています[46]。

　このように，株主至上主義を修正し，如何にして株主以外のステークホルダーの利益を守りながら中長期的に企業価値を高めていくかが問われているというのが英米の上場企業の現状ということになりますが，日本はどうでしょうか。伊藤レポート（2014）やコーポレートガバナンス・コード（2015）を通じて，株主利益を意識した経営を行うことが求められましたが，依然として稼ぐ力や株価は低迷した状態にあり，株主が満足する結果を実現できていない企業が少なくありません。そして，こうした状況を脱することができない中で，欧米におけるサステナビリティ経営の波が押し寄せ，伊藤レポート3.0やコーポレートガバナンス・コード（2021）を通じて，ステークホルダーやサステナビリティに関する様々な取り組みが求められるようになりました。

　サステナビリティ課題に取り組むことは，中長期的な企業価値の向上に向けて必要な要素ではありますが，企業価値を高めるためには，不採算事業・低収益事業の切り出しも含めた事業ポートフォリオの見直しや，余剰資金の成長投資への活用などの経営改革を行うことが欠かせず，ここにメスを入れないままに，ESGやサステナビリティ対応に力を入れたとしても企業価値の向上は期待できません。企業価値向上の基盤となる財務上の取り組みが発展途上の段階で，議論の中心がESGやサステナビリティに移行してきてしまったことで，取り組むべき課題が見えづらくなってしまっていることや，対応に割くリソースを分散させてしまうことで，企業価値向上という結果を出すのに必要以上に時間を要してしまっているのが実情のように見受けられます。

46　「コーポレートガバナンスに関する法」の草案の中で，株式会社の目的は，企業の経済的価値を高めることであるとしつつも，従業員やサプライヤー，環境などのステークホルダーの利益を考慮することを認める文言が記載されています（Restatement of the Law, Corporate Governance Tentative Draft No. 1〔April 2022〕§2.01 The Objective of a Corporation）。詳細については，神田秀樹＝久保田安彦「【対談】サステナビリティを深く理解する」旬刊商事法務2302号（2022）20頁を参照。

　このように，財務面の改革を中心とする企業価値の向上（稼ぐ力の向上）に
向けた経営改革が発展途上の段階で，世間の関心がESGやサステナビリティに
移行してきてしまったことも，上場企業全体で企業価値が高まらない要因の一
つとなっているように思われます。

【コラム①●現場を悩ませるソフトロー対応】─────────

　ソフトローは遵守できていなくても法令違反にならないため，ハードロー対応より
も現場の負担は小さくなるように思われがちですが，実はそうではありません。ソフ
トロー対応はハードロー対応よりも現場の担当者に与える負担が遥かに大きいという
のが実態です。

　ハードローは，遵守できていなければ法令違反となってしまうという点でプレッ
シャーはかかりますが，「やらなければならないこと」であるため，ビジネスへの影
響があろうがなかろうが，やるしかないわけです。そのため，法令遵守の実効性を確
保する取り組みを進めたとしても，法務・コンプライアンス部門の担当者に非難の矛
先が向けられることはありません。また，ハードローによって示されるルールの内容
は明確であることが多いため，何をどれだけ対応するべきかあまり悩むことはありま
せん。悩むことがあったとしても，法律事務所に相談をすれば回答を得ることができ
ます。

　しかし，ソフトローの場合はそうはいきません。法的拘束力のないソフトローにつ
いて何をどこまで対応するべきか，というのは非常に悩ましい問題です。担当役員や
部門長は「しっかりやってくれ」というものの，特段予算を付けてくれるわけでもな
く，方向性を示してくれることもない中で，何をどこまでやるべきか判断に悩んだこ
とのある実務担当者の方々は少なくないように思います。ハードローではなくソフト
ローが採用されているということは，国が自分で決めることはせずに，各社に判断を
委ねているということになるわけですが，企業の中では，さらに，社長から担当役員
へ，担当役員から部門長へ，部門長から部門の担当者へと判断が委ねられています。
そして，判断に悩んだ担当者が，法律事務所やコンサルティング会社に意見を求めて
も，ソフトローの中で，「〜するべきである」，「〜することが望ましい」と記載され
ているものについて，どこまでの対応をするべきか明確な回答が得られないケースが
ほとんどで，問題の解決にはならないケースが少なくないように思います。

　ソフトローの内容にもよりますが，一般に，ソフトロー対応は，ビジネスへの影響
なども勘案しながら，担当役員や部門長がリーダーシップを取って対応を進めていく
べきものであり，一部門の担当者に対応を丸投げするというのは適切なやり方ではあ
りません。また，サステナビリティ対応やプライバシー対応，DX対応など，近時で
は，部門横断での取り組みが必要な課題が多く出てきており，一部門の担当者だけで

は原案を作ることすらできない課題が多く見られるようになってきています。関連部門の役員や部門長のリーダーシップのもとで，各部門の実務担当者が手を動かして対応にあたるというのがあるべき姿であり，こうした対応ができていない企業は，ソフトロー対応への取り組み方を見直すところから始める必要があるでしょう。

　暗い話をしてきましたが，ソフトロー対応はネガティブなことばかりではありません。何をどこまでやるべきかを決めて提案するという作業には，ハードロー対応にはないクリエイティブさがあります。また，他の関連部門と連携しながら対応を進めることや，経営陣の判断を仰ぐことを通じて，自部門の中からは見えなかった景色を見ることができ，視野を広げることも期待できます。ソフトロー対応は，大変で悩ましい作業であるというだけでなく，「やりがい」や「成長」をもたらしてくれるという側面もありますので，ぜひ前向きに取り組んでいただきたいです。

第3章

取締役の基本的な
任務・行為規範

Questions

- 取締役が目指すべきは会社の利益？　株主の利益？
- 会社の利益と株主の利益ってどう違うの？
- 取締役の忠実義務って何？
- 株主共同の利益に配慮する義務って何？
- 株主に対する受託者責任って何？
- なぜ株主以外のステークホルダーの利益を考えなければならないの？

概　要

　前章では上場企業各社で企業価値が高まらない要因と背景を見てきました。本章では，上場企業の経営者が企業価値向上に向けた経営を行う出発となる，取締役の基本的な任務と行為規範の内容を見ていきます。

　企業価値の向上に向けた各種の取り組みを進める中で，取締役経営陣の基本的な任務と行為規範が意識される機会はあまりないかもしれませんが，取締役経営陣に課せられる任務や行為規範は，企業価値向上に向けた各種の取り組みを進めるうえで出発点となるものであり，それぞれの取り組みを企業価値の向上に繋がる有意義な取り組みにしていくためには正確な理解が欠かせない重要な存在です。取締役経営陣が目指すべきは会社の利益なのか，あるいは株主の利益なのか，会社の利益と株主の利益はどのように異なるのか，なぜ株主以外のステークホルダーの利益を考えなければならないのか，といった基本的な部分を理解しておくことで，氾濫する情報に流されないためのブレない軸をもつことができます。

　本章では，ハードローの中核的存在である会社法とソフトローの中核的存在であるコーポレートガバナンス・コードを通じて取締役に与えられている基本的な任務と行為規範の内容を見ていきます。

1　善管注意義務と株主利益最大化原則

　株式会社の取締役に課せられる任務の出発点となるのは，株式会社と役員等との関係を定める会社法第330条です。同条には，「株式会社と役員及び会計監査人との関係は，委任に関する規定に従う」と定められており，受託者である取締役は，善良な管理者の注意（その地位・状況にある者に通常期待される注意）をもって，株式会社から委託された委任事務を処理する義務（**善管注意義務**）を負います。株式会社は，対外的な経済活動を通じて利益を得て，得られた利益を構成員である株主に分配することを目的とする法人ですから[47]，対外的な経済活動を通じた会社利益の最大化に向けて，善良な管理者の注意を尽くして経営を行うことが取締役に課せられた基本的な任務ということになります。

　では，ここにいう「**会社の利益**」とは何を意味するのでしょうか。取締役と委任関係にあるのは会社であって株主ではありません。そのため，取締役が善良な管理者の注意を尽くして追い求めるべきものは株主の利益ではなく，あくまでも会社の利益ということになります。しかし，会社の利益は，剰余金の配当や残余財産の分配等を通じて，最終的に株主に分配されるものです。この点を捉えれば，「会社の利益」とは「株主の利益」を意味することになるため，取締役に与えられたミッションは「株主利益の最大化」であると捉えることができます。これは**株主利益最大化原則**と呼ばれるものです。日本の会社法は，株主利益最大化原則を採用していると解されており[48]，株式会社の取締役には，株主利益の最大化に向けて善良な管理者の注意を尽くして会社を経営することが求められます。

　しかし，この株主利益最大化原則は，会社の利益の拡大を通じて株主利益の

---

[47]　江頭・22頁。
[48]　江頭・23頁，田中・280頁。

最大化を図ることを要請するものであって，会社の利益を離れて株主の利益の
ためだけに行動することを求めているわけではありません。会社の業績が上が
れば，増配や株価の上昇が期待できるように，会社の業績を良くしていくこと
は最終的に株主利益の最大化に繋がることになるという意味で株主利益最大化
と言っているに過ぎないということです。

　株主利益最大化原則という名称ではありますが，実際上は，会社の利益の最
大化のために善良な管理者の注意を尽くして経営することを求める原則という
ことになります。そして，会社の利益の最大化というのは，会社が将来得ると
期待される利益の最大化，すなわち会社が将来得ると期待されるフリーキャッ
シュフローの割引現在価値の最大化を図ることを指しますので[49]，少し回りく
どい説明になりましたが，結局のところ，「企業価値の最大化に向けた合理的
な経営を行うこと」が善管注意義務の中核をなす取締役の基本的な任務・行為
規範ということになります。

　では，企業価値の最大化を図るために具体的にどのような手段を講じること
が求められるのでしょうか。これについて会社法は明確な方向性を示さず，具
体的な手段については取締役の合理的な裁量に委ねており，裁判所も，原則と
して取締役の判断を尊重します。これは経営判断の原則と呼ばれるものです。
経営判断原則のもとで，株式会社の取締役は，自らの経験や知見に基づいて，
合理的と考える手段を講じながら企業価値の最大化を目指していくことになり
ます。

　しかし，上場企業各社の取締役が，自らの裁量の中で，企業価値の最大化に
向けた合理的な経営を行ってきたかというと，残念ながらそうした経営は行わ
れてこなかったわけです。こうした状況を打開するために，コーポレートガバ
ナンス・コードをはじめとする各種のソフトローにおいて，取締役経営陣に課
せられる任務を具体化するとともに，講ずべき具体的な手段が明示されており，
現在では，取締役の任務や行為規範に関する議論の中心はソフトローに移行し
てきています。とはいえ，取締役の任務・行為規範の軸になるのは，善管注意
義務の中核にある株主利益最大化原則ですので，その意義と限界を理解してお

49　田中・280頁。

くことは，ソフトロー対応の重要性が高まっている昨今においても重要なこと
といえるでしょう。

2　忠実義務—会社の利益を犠牲にして取締役自身や第三者の利益を図ってはならない義務—

(1)　忠実義務とは

　企業価値の最大化に向けて合理的な経営を行うことが取締役の善管注意義務
の中核をなす基本的な任務であることを確認しましたが，この善管注意義務に
は，会社の利益を犠牲にして取締役自身やその他の第三者の利益を図らないこ
とを内容とする義務も含まれます。これは**忠実義務**と呼ばれるものです。

　米国では，取締役と会社の間に利害対立の可能性がある忠実義務の領域とそ
れ以外の注意義務の領域を区別し，忠実義務が問題となる場面では取締役に重
い責任を課すという法理が採用されていますが，日本法では，利害対立が生じ
る場面については，利益相反取引規制などの特別の規制が課せられていること
から，忠実義務と善管注意義務を区別する実益がないとして，忠実義務を善管
注意義務の一内容と捉える見解が一般的です[50]。判例も同様の立場を取ってい
ます[51]。判例の立場に従えば，平時の場面で注意深く職務を行うことを内容と
する注意義務（Duty of Care）と，会社と取締役の利害対立がある場面で，会
社の利益を犠牲にして取締役自身や第三者の利益を図らないことを内容とする
義務（Duty of Loyalty）の双方を善管注意義務と捉えることになりますが，
この 2 つの義務は，基本的な発想が異なりますので，本書では，便宜上，後者
の義務を忠実義務と呼ぶことにします。

　忠実義務の問題は，取締役と会社・株主の利害が対立する場面で顕在化しま
す。典型例は，会社と取締役の利益相反取引[52]です。取締役が自身の所属する

---

[50]　江頭・449頁。

[51]　最判昭和45年 6 月24日民集24巻 6 号625頁。

[52]　利益相反取引とは，①取締役が自己又は第三者のために株式会社と取引をしようとする
　　とき，又は②株式会社が取締役の債務を保証することその他取締役以外の者との間におい
　　て株式会社と当該取締役との利益が相反する取引をしようとするとき，のいずれかに該当

会社と取引をする場合，その取締役は，少しでも自身に良い条件で取引をしたいと考えてしまうため，会社の利益を犠牲にして取締役にとって都合の良い内容の契約が結ばれるおそれがあります。利益相反取引は，取締役が忠実義務に違反して会社の利益が害されるおそれが特に高い類型の取引であることから，会社法は，利益相反取引に関する特別の規制を設けています[53]。

　会社法上の利益相反取引には該当しない関連当事者間取引や支配株主との取引も，取締役が自身や第三者の利益を優先することで会社の利益が害されるおそれが類型的に高い取引であるため，親会社や取締役の近親者を利するために会社に不利な条件の取引が行われることのないように，計算書類の注記表や有価証券報告書等において，取引内容や取引金額などを開示することが義務付けられています[54]。

　また，東証の上場規程・規則においても，支配株主が関連する重要な取引を行う場合，少数株主にとって不利益なものでないことに関し，当該支配株主との間に利害関係を有しない者による意見の入手を行うことや，必要かつ十分な適時開示を行うことなどが義務付けられているほか[55]，コーポレートガバナンス・コードにも，関連当事者間取引を行う際の手続の適正と透明性の確保を求める原則が設けられています。

CGコード原則1−7（関連当事者間の取引）

　上場会社がその役員や主要株主等との取引（関連当事者間の取引）を行う場合には，そうした取引が会社や株主共同の利益を害することのないよう，また，そうした懸念を惹起することのないよう，取締役会は，あらか

する取引を指します（会社第356条第1項第2号・第3号）。

[53]　会社法では，取締役が会社と利益相反取引を行う際，当該取引につき重要な事実を開示し，取締役会の承認を受けることが要求されています（会社第356条第1項第2号・第3号）。そして，この取締役会決議には，利益相反取引の当事者を含め，これに利害関係のある取締役が参加することは禁止されています（会社第369条第2項）。また，利益相反取引によって会社に損害が発生した場合，利益相反取引の当事者である取締役のほか，取引を承認した取締役も任務を怠ったものと推定されます（会社第423条第3項）。

[54]　会社計算第112条，財務諸表等規則第8条の10，連結財務諸表等規則第15条の4の2。

[55]　上場規程第441条の2，上場規程施行規則第436条の3。

> じめ，取引の重要性やその性質に応じた適切な手続を定めてその枠組みを
> 開示するとともに，その手続を踏まえた監視（取引の承認を含む）を行う
> べきである。

　なお，米国では，取締役だけでなく，支配株主にも信認義務（忠実義務）が
課されるという法理が採用されており，支配株主が従属会社と取引を行う場合，
信認義務違反による責任を免れるためには，支配株主は，従属会社との間の取
引が公正であることを立証することが求められます。

　日本では，こうした法制が採用されるには至っていないものの，支配株主や
実質的な支配力を有する株主を抱える企業が多く，どのようにして少数株主の
利益保護を図るかが長年にわたって重要な課題となっています。本書執筆時点
では，2023年1月に設置された「従属上場会社における少数株主保護の在り方
等に関する研究会（第2期）」（東証）において，少数株主の利益保護に向けた
ルールの見直し作業が行われ，2023年12月26日に，取りまとめとして，「少数
株主保護及びグループ経営に関する情報開示の充実」と「支配株主・支配的な
株主を有する上場会社において独立社外取締役に期待される役割」が公表され
ました。

　少数株主保護に向けたルールはまさに発展途上の段階にありますので，現行
ルールの遵守で満足するのではなく，当局における議論の状況や海外の法制に
も目を向けながらベストプラクティスを目指す姿勢を持ち続けることが重要です。

(2)　フジテック社のケースを考える

　最近の事例で忠実義務の問題に焦点が当たったのは，フジテック社のケース
です。フジテック社が，同社の創業家や創業家が関与する会社との間で不適切
な関連当事者間取引を多数行っているとの疑いが向けられ，当時の取締役経営
陣と投資ファンドのオアシス・マネジメントとの間で経営権の取得を巡る委任
状争奪戦が起こりました。2023年2月に開催された臨時株主総会では，当時の
社外取締役3名の解任議案とオアシスが提案する社外取締役候補者4名の選任
議案が可決され，オアシス側に軍配が上がりました。その後，6月に開催され
た定時株主総会では，創業家株主から，会社側の提案する取締役選任案に対抗

するために社外取締役8名の選任を求める株主提案がなされましたが，全て否決されています。

　フジテック社では，2022年8月に，創業家との不適切な取引の有無を調査するための第三者委員会が組成されましたが，会社からの調査協力が得られなかったとして調査が打ち切られる事態となりました。オアシス・マネジメントが指摘する関連当事者間取引の是非について確定的なことはわかりませんが，そもそも株主から疑いの目を向けられるような取引を行っていたこと自体に問題があったということはいえるでしょう[56]。また，第三者委員会による調査への協力姿勢も含めて，事後対応にも課題があったように見受けられます。

　創業家が強い影響力をもつ企業では，創業家が会社のことを一番よくわかっているとの認識のもとに，「創業家が一番良いと考えることが会社にとっても一番良いことだ」という前提で経営が進められ，社外取締役も創業家の判断にお墨付きを与えるだけの存在になってしまうという事態が往々にして起こりがちですが，「創業家・支配株主が一番良いと考えることが会社にとっても一番良いことだ」と考えてしまうことにこそ問題の本質があります。上場企業である以上は，創業家以外にも多くの株主がおり，当然のことながら創業家以外の株主の利益も考えなければなりません。また，時代が変われば求められる対応も変わります。多くの上場企業が，創業者の強いリーダーシップのもとで成長を遂げてきたということは確かだと思いますが，成長期を過ぎると，胡坐をかいてしまう部分が出てきたり，時代にそぐわない部分が出てきてしまうこともあるでしょう。

　経営者には，常に自分自身の考え・判断に疑いの目を向けながら自身を律する対応が求められるというのは言うまでもないことですが，人間なので，どうしても自分に甘えてしまう部分が出てきてしまいます。そこで重要になるのが創業家や経営陣から独立した社外取締役です。「従属上場会社における少数株主保護の在り方等に関する研究会」（東証）が公表した取りまとめにおいても，支配株主や支配的な株主を有する上場会社において，独立社外取締役は，少数株主の利益を保護するという重要な役割・責務を負うことが確認されていま

56　CGコード原則1-7参照。

す[57]。これまでは，形式的には独立性を充たしつつも経営者の味方をしてくれる "物言わない社外取締役" が重宝されてきたというのが実態であったように思われますが，昨今では，企業価値向上に向けてどのような役割を果たしたのか，社外取締役個々人を評価する動きが加速しており，"物言わない社外取締役" のままでは株主や社会から厳しい評価を受けることになるでしょう。そうなれば社外取締役としてのキャリアに大きな傷を残すことになります。重要なのは，利益相反の監督を含めた社外取締役としての職責を全うすることであり，これによって，会社や少数株主の利益を守ると同時に，自身の社外取締役としての評価を高めることが可能になるでしょう。

3　株主共同の利益に配慮する義務

　これまで見てきた取締役の善管注意義務と忠実義務は，直接的には会社の利益を守るための義務であって，会社の利益と離れた株主の利益を守るための義務ではありませんでした。義務の名宛人が "株主" ではなく "会社" であるため，当然のことといえば当然のことかもしれませんが，株主の利益は，あくまでも会社の利益を守ることを通じて守られるという関係にしかありません。

　しかし，例外的に，善管注意義務の一内容として，会社の利益とは無関係に，直接に株主利益への配慮を求める義務が課されることがあります。**株主共同の利益に配慮する義務**と呼ばれる義務です。これは，会社の支配権に変動が生じる場面のように，会社の利益を介さず，直接に株主の利益に影響を及ぼす場合に，例外的に，取締役には，会社の利益とは別に，株主共同の利益を図るように，善良なる管理者の注意を尽くして，買収対価その他の買収条件に関する買収者との交渉や決定を行う義務が課されるというものです。この義務に違反をして，株式の**公正な価格**[58]に比して低廉な価格で買収が成立した場合，取締役

57　東京証券取引所上場部「支配株主・支配的な株主を有する上場会社において独立社外取締役に期待される役割」（2023年12月26日）。

58　「公正な価格」（会社第785条第1項等）とは，①組織再編（M&A）によって企業価値の増加が生じる場合は，組織再編が公正な条件で行われ，それによって，当該増加分が各当事会社の株主に公正に分配されたとすれば，基準日において株式が有する価値（公正分配

は，役員等の第三者責任として，会社法第429条第1項に基づき，株主に対して損害賠償責任を負う可能性があります[59]。

　もう少し詳しく見ていきましょう。業績が低迷しているA社が，投資ファンドBから買収提案を受けたという事案を考えてみます。Bから買収提案を受けた場合，A社の取締役会は，株主利益最大化原則に従って，A社の企業価値の最大化に向けてBの提案を受け入れるかどうかを検討することが求められるわけですが，株主利益最大化原則で問題になるのは，Bに買収されることで将来的にA社の企業価値が高まるのかどうかという点であって，Bに買収されることで株主の地位を失うことになる現在の株主たちがBから適正な買収対価を受け取ることができるかどうかという点ではありません。そのため，株主利益最大化原則に適う対応が取られたとしても，現在の株主たちがBから適正な対価を受領することができるとは限らないわけです。

　買収後に最もその企業の価値を高めることができる者は，競合提案と比べて最も高い買収価格を提示することができるため，買収後における会社の利益（将来の株主の利益）と買収によって株主の地位を失う現在の株主の利益は同時に守られる関係にあるようにも思われますが，会社の最高利用者（最も企業価値を高めることができる者）と最高価格を提示する者が常に一致するとは限りません。特に，経営者が自社を買収するマネジメントバイアウト（MBO）や親会社による上場子会社の買収事案などの構造的な利益相反や情報の非対称性の問題を抱えるケースでは，たとえ，経営者や親会社によって買収され，非公開化することが企業価値の向上に適う対応であったとしても，経営者や親会社は少しでも安く買収したいというインセンティブを持つため，株主との情報の非対称性を利用し，業績の下方修正を行うことで株価を下げるなどすることで，買収価格を下げる行動に出るおそれがあります。

　こうした事態が起こるのを防ぎ，現在の株主たちが株を手放す代わりに適正な対価を得ることができるように，取締役が買収者との交渉を行い，取引条件

価格）をいい，②組織再編によって企業価値の増加が生じない場合は，基準日におけるナカリセバ価格（当該組織再編がなければ当該株式が有していたであろう公正な価格）をいいます（田中・690頁）。

[59]　田中・661頁。

を決定することを動機付けるために導き出されたのが株主共同の利益に配慮する義務という概念です。MBOの局面における取締役の損害賠償責任が問題となった**レックス・ホールディングス損害賠償請求事件**[60]において，取締役は，善管注意義務の一内容として，株主共同の利益に配慮する義務を負うとの判断が示され，その後の裁判例でもこの判断が踏襲されています。株主共同の利益に配慮する義務の詳細については，第3部第2章で詳しく見ていきます。

4　株主に対する受託者責任

(1)　株主に対する受託者責任とは

　ここまで会社法によって取締役に課せられる基本的な任務・行為規範を見てきました。会社法における取締役の義務の名宛人はあくまでも会社であるため，会社支配権に変動が生じる場面において株主共同の利益に配慮する義務が課せられるという例外はありますが，ハードロー上は，基本的に会社の利益の最大化を目指した経営を行うことが求められ，株主の利益はあくまでも会社の利益を通じて実現されるという関係にあります。

　しかし，こうした会社法の立て付けとは異なり，株主利益の確保に焦点を当てた概念がコーポレートガバナンス・コードに規定されました。「**株主に対する受託者責任**」という概念です。

　この「株主に対する受託者責任」という概念は，コーポレートガバナンス・コード原案序文において「株主から経営を付託された者としての責任」と説明されており，これは，米国法上の「株主に対する信認義務（Fiduciary Duty）」を意識した概念であると考えられます[61]。米国のデラウェア州法下では，取締役は，会社に対する信認義務に加えて，株主に対しても信認義務（Fiduciary Duty to Shareholders）を負うとされており，デラウェア州で設立された会社の取締役は，会社の利益のために最善を尽くすだけでなく，株主の最善の利益を考えて行動することが求められています。後に見るように，米国デラウェア

60　東京高判平成25年4月17日判例時報2190号96頁。
61　コーポレートガバナンス・コードの英訳版では，「株主に対する受託者責任」を「Fiduciary Responsibility to Shareholders」と英訳されています。

州には，取締役会が会社を売却することを決定した後は，株主が受け取る買収対価の価値に関して，合理的に入手可能な最善の価格を入手しなければならないというレブロン義務が存在しますが（本書157頁参照），そのベースには株主に対する信認義務の存在があります。

　しかし，コーポレートガバナンス・コードにおける「株主に対する受託者責任」は，米国法上の株主に対する信認義務と同等の法的義務が上場会社の取締役に課されていることを確認したものではありません。株主の利益を考えた経営を行うことは重要なことではありますが，米国法上の株主に対する信認義務と同様の義務が日本の上場企業における取締役に課せられるとすると，これまで見てきた会社法上の善管注意義務の立て付けとの整合性に問題が生じるなど，理論上も実務上も大きな混乱が生じてしまいます。そのため，会社法などのハードローではなく，ソフトローであるコーポレートガバナンス・コードに盛り込むことで，こうした混乱が生じることを避けつつ，株主利益を意識した経営を行うことを上場企業各社の取締役経営陣に求めているわけです。「株主に対する受託者責任」の意義については，漠然と売上や利益の拡大を目指す経営から，株主の合理的な期待に応える経営への転換を図ることを動機付けるために取締役に課せられた倫理的・道義的責任といった具合に捉えておくとよいでしょう[62]。

　株主に対する受託者責任という概念がもつ意味内容を踏まえ，開示資料の中で，取締役が株主に対する受託者責任を負うことは認めつつも，合わせてこれが法的な責任ではないことを示すケースも見られます。

■三井物産のケース[63]

役員に対するトレーニングの方針
当社は，取締役および監査役就任の際に，株主から負託された取締役および監査役に求められる役割（受託者責任）と法的責任を含む責任を果たすため，当社事業・財務・組織などのほか，会社法関連法令，コーポレート・ガバナンスおよび内部統制に関して十分に理解を深める機会を設け，また，必要に応じこれらを継続的に更新する機会を設けます。

⑵　株主に対する受託者責任として求められる対応

　会社法上の善管注意義務を尽くすことを超えて，株主に対する受託者責任を果たすためにはどのような対応が求められるのでしょうか。

　その中核となるのは，**株主が合理的に期待している収益率を上回るリターン（配当利回りと株価上昇率）を上げる経営を行うこと**です。会社法によって与えられる取締役の基本的な任務は，企業価値を高めることを通じて株主利益の最大化を図ることにありますが，ただ単に企業価値を高めれば足りるというわけではありません。株主（投資家）は，数ある投資機会の中から，他の株式等に投資した場合の収益率を踏まえつつ，その企業を選定して投資をしており，各社に対する投資には，それぞれ期待をしている収益率（株主資本コスト）が存在します。そのため，上場企業の取締役経営陣が，株主に対する受託者責任を果たすためには，株主が合理的に期待している収益率を上回るリターンを上げることが求められます[64]。

　配当については，毎年一定水準の配当性向を維持することで投資家の期待に応える意識が持たれてきたのに対し[65]，株価については，経営陣が関知するものではないとして市場の評価に丸投げをしてしまう状況が長きにわたり続いてきてしまいましたが，**取締役経営陣が株主に対する受託者責任を果たすためには，実体としての企業価値を高めるだけでなく，それを株価に反映させるところまでの対応が求められます**。一昔前までは，株主総会で株主から株価対策を問われた際の回答と言えば，「業績を上げるのが取締役経営陣の役目であり，株価はマーケットが決めるものである。業績が上がれば，結果として株価も上

62　武井一浩編著『コーポレートガバナンス・コードの実践〔第3版〕』（日本経済新聞出版，2021）31頁では，受託者責任の意義を，「契約上の義務の形式的な履行を超えて，高度な責任を持って自発的に尽力する道義的・倫理的義務を含んだ概念」と説明されています。

63　三井物産ホームページ掲載の「コーポレート・ガバナンスの状況」より（最終アクセス2023年4月5日）。

64　これは資本コスト経営と呼ばれるもので，次章で詳しく見ていきます。

65　ただし，投資家が株主還元に関して重視しているのは事業の成長ステージや投資機会の有無であり，経営者が考えているほど安定配当を重視していません（生保協会アンケート2022・17頁参照）。

がるはずである。取締役経営陣は業績の向上に向けて尽力する。」というような回答が主流でしたが，現在の実務では，このような回答では通用しません。もちろん業績を上げることは重要なことであり，取締役経営陣に課せられた重要な任務であることは言うまでもありませんが，実体としての企業価値を高めるとともに，適切な情報開示を通じて，それを市場株価に反映させていくことも，株主に対する受託者責任として取締役経営陣に求められる責務であるとの認識を持つ必要があります。

　忠実義務や株主共同の利益に配慮する義務の実効性を確保し，取締役経営陣が保身に走ることで会社や少数株主の利益が害される事態を防ぐことも，株主に対する受託者責任を果たすうえで欠かせない取り組みです。企業価値を高めることが期待できる真摯な買収提案がなされているにもかかわらず，買収防衛策を導入・発動して現経営体制を維持しようとしたり，経営陣が自社を買収するMBO（マネジメントバイアウト）を実施する際に，意図的に株価がドがる情報開示を行って買収価格を下げるなどすることで，企業価値や株主共同の利益が害されることのないように，法令や関連ガイドラインに準拠した対応を行いつつ，忠実義務や株主共同の利益に配慮する義務に照らした適切な対応を取ることが求められます。

　株主の合理的な期待に応える経営を行うためには，適切な情報開示と，取締役経営陣と株主の認識の齟齬を解消するための対話の充実が欠かせません。依然として，情報開示や株主との対話に消極的な企業が少なくありませんが，法令や規則にしたがった最低限の対応に止めるのではなく，株主に対する受託者責任を果たすための**積極的な情報開示と対話の充実**が求められます。

　ただし，「株主に対する受託者責任」という概念に振り回されてはいけません。アクティビスト株主の中には，「株主に対する受託者責任」を盾に大量の自社株買いや増配を要求してくる者も見受けられますが，そうした要求に応じなければならない法的義務や責任がないのはすでに確認したとおりです。株主からこうした要求が出される背景には，手元資金（内部留保）を有効活用できていないという問題があるため，資本政策の考え方を見直す必要はあるかもしれませんが，「株主に対する受託者責任」という概念は，短期主義的な株主の要求を正当化する概念ではありませんので，「株主に対する受託者責任」の意

味を履き違えて，株主の自己本位な主張に振り回されてしまうことのないように注意が必要です。

5 株主以外のステークホルダーの利益と取締役の義務

(1) 株主以外のステークホルダーの利益と善管注意義務

次は，株主以外のステークホルダーとの関係で取締役がなすべき任務を見ていきます。まずは，株主以外のステークホルダーの利益と善管注意義務の関係です。

株式会社の取締役には，会社の利益最大化（株主利益の最大化）に向けた合理的な経営を行うことが求められますが，これには法令遵守という大前提があります。取締役は，善管注意義務を尽くす一環として，自社に適用される全ての法令を遵守しなければなりません。そして，企業に適用される法令の多くは，労働関連法令や環境関連法令，消費者関連法令，下請法など，自社の事業活動に関連するステークホルダーの何らかの利益保護を目的としているため，自社に適用のある法令を適切に遵守することが，ステークホルダーの利益保護に向けた取締役の任務の出発点ということになります。

日本は法治国家であるわけですから，法令を遵守することそれ自体が重要であることは言うまでもありませんが，法令が適切に遵守されないことでステークホルダーの利益が害される事態になれば，企業には，顧客離れや株価の下落といった損失・不利益が生じるおそれがあるため，ステークホルダーリスクの低減という観点からも法令を遵守することは重要な意味を持ちます。

たとえば，労働関連法令が遵守されずに，名ばかり管理職の方々が違法なサービス残業をさせられていたり，あるいは，ハラスメントが放置されているような状況では，従業員の士気は上がらず，優秀な人材を獲得・保持することもできないでしょう。昨今，企業価値の向上に向けたステークホルダー対応の重要性が増しており，各社で様々な取り組みが進められていますが，コンプライアンス（法令遵守）体制が不十分な企業は，あれこれ手を広げる前に，まずはコンプライアンス体制を強化することが先決です。

では，法令遵守を超えて株主以外のステークホルダーの利益を考えた取り組

みを行うことは，会社法の善管注意義務との関係でどのように位置付けられるのでしょうか。まず，取締役が，株主以外のステークホルダーの利益を考慮することが，企業価値の向上（最終的には株主利益の最大化）に繋がると考えるのであれば，自らの裁量の中で考慮することが許容されます。たとえば，将来的な企業価値の向上に向けて優秀な人材を確保するために，コストをかけてでも同業他社よりも福利厚生を充実させる方がよいと判断したのであれば，コストがかかった分，短期的には株主還元に回せる資金が減少したとしても，そのことで取締役が法的責任を問われることはありません。経営判断原則のもとで，取締役の判断が尊重されることになります。

　また，CSRや慈善活動のように，企業価値の向上に繋がらない活動や，これに繋がるかどうか判然としない活動については，株主利益最大化原則の修正が図られ，相当な範囲では，会社・株主の利益になるか否かを問わずこれを行うことが許容されると解されており，法令で要求されている以上に社会や環境に配慮した経営を行うことで会社や株主の利益が減少したとしても，それが会社の資産や収益の状態に照らして相当な範囲にとどまる限り，善管注意義務に違反しないということになります[66]。

(2)　開示規制を通じた任務・行為規範の修正

　株主以外のステークホルダーの利益と取締役の善管注意義務の関係は，(1)で見てきたとおりですが，コーポレートガバナンス・コードや開示府令を通じて取締役の任務・行為規範の内容が修正されつつあります。

　コーポレートガバナンス・コードは，会社の持続的な成長と中長期的な企業価値の創出を達成するためには株主以外のステークホルダーとの適切な協働が欠かせないとの認識のもとに，様々なステークホルダーへの価値創造に配慮した経営を行いつつ中長期的な企業価値向上を図るべきという考えを示し，これを実践するための経営理念や行動準則の策定・実践，社会・環境問題をはじめとするサステナビリティを巡る課題への対応などを求めていますが[67]，企業価

66　田中・281頁。
67　CGコード第2章「株主以外のステークホルダーとの適切な協働」の各原則を参照。

値の向上に向けて，従業員，顧客，取引先，債権者，地域社会などのステークホルダーの利益を積極的に考慮するというのは，会社法にはなかった発想であり，コーポレートガバナンス・コードを通じて，取締役経営陣に対し，新たな行為規範が与えられたということができるでしょう。

　コーポレートガバナンス・コードは，東証の規則に組み込まれてはいますが，各原則を遵守するかしないかは取締役経営陣の判断で決めることができます。そのため，コードで与えられた行為規範は法的な拘束力を持ちません。しかし，改正開示府令の施行により，有価証券報告書に「サステナビリティに関する考え方及び取組」等を記載することが求められるようになったことで，上場企業の取締役経営陣には，間接的に，株主以外のステークホルダーの利益を考えた経営を行うことが法的に義務付けられるようになりました。開示が義務付けられるということは，開示内容に関する取り組みを実行することが求められるということを意味するため，開示規制を通じて取締役に新たな義務としての行為規範が与えられたと考えることができるというわけです。

　上場企業各社で，人権や環境に関する経営リスクに対処するためのガバナンス体制の構築やリスク管理体制の強化が進められることで，会社法上の善管注意義務として求められる内部統制システム構築義務の水準が引き上げられていくとの指摘もなされており[68]，取締役が会社に対する善管注意義務を尽くすためには，株主以外のステークホルダーの利益を適切に考慮しながら会社運営を行わなければならない時代に入ったと考えておいた方がよいでしょう。開示規制への対応という視点を持つだけでは，対応が形式的になりがちですので，善管注意義務の水準が引き上げられていくという意識をもって，各開示項目に対応した取り組みを進めることが重要です。

⑶　株主以外のステークホルダーの利益を考慮する目的は何か

　株主以外のステークホルダーの利益を考慮するサステナビリティ経営を行う目的は何でしょうか。それは，企業が社会的責任を果たすことにあるのではありません。あくまでも企業価値を高めることにあります。

---

[68]　中村直人「サステナビリティと実務の留意点」NBL1243号（2023）6頁。

　先に見たように，コーポレートガバナンス・コードは，会社の持続的な成長と中長期的な企業価値の創出を達成するためには株主以外のステークホルダーとの適切な協働が欠かせないとの認識のもとに，様々なステークホルダーへの価値創造に配慮した経営を行いつつ中長期的な企業価値向上を図ることを求めており，株主以外のステークホルダーとの適切な協働を図ることの目的を企業価値の向上に置いています。開示府令への対応も同様です。有価証券報告書を通じた情報開示は，投資家への情報提供を目的に行われるものであるため，開示府令が求めるサステナビリティ課題に関する記載は，企業価値に影響を及ぼし得る内容のものでなければなりません。コーポレートガバナンス・コードや開示府令が求めているのは，あくまでも企業価値の向上に向けたステークホルダーとの協働やサステナビリティ課題への対応ですので，誤った理解をすることのないように注意が必要です。

　コーポレートガバナンス・コードや開示府令が，株主以外のステークホルダーを，企業価値を高めていくうえでの重要な存在であると捉えているのは，株主以外のステークホルダーが，企業の収益と損失の両面に影響を与えるリスクとなり得る重要な存在だからです。企業価値を高めていくためには（キャッシュを増やしていくためには），自社の商品やサービスを通じて顧客や社会に対して価値を提供することで収益を上げるとともに，自社の企業活動が社会や環境に対して悪影響を及ぼすことに伴う損失の発生を防ぐことが重要であり，これは，投資家が投資判断をするうえでも重要な要素となります。ステークホルダーやサステナビリティという言葉が使われると，社会的責任としての取り組みというイメージが付きがちですが，自社の商品やサービスを通じて顧客や社会に対して価値を提供することで収益を上げるとともに，自社の企業活動が社会や環境に対して悪影響を及ぼすことに伴う損失の発生を防ぐことが企業価値を高めていくうえで重要になるというのは，言ってみれば当たり前のことですので，何か特別なことが求められるようになったとは考えない方がよいのかもしれません。

　企業が，社会的責任として，慈善活動等を行うことを否定しているわけではありません。相当な範囲にとどまる限り，企業価値の向上には繋がらない（あるいは繋がるかが判然としない）活動に資金を投入することが法令上許容され

ているというのは先に見たとおりですが，資金に余裕があり，そうした活動を行うことが自社の企業理念に適うのであれば，経営判断として尊重されるべきものといえます。ただし，そうした慈善活動は，コーポレートガバナンス・コードや開示府令で求められている活動とは切り離して考えなければならず，公益的見地から行う慈善活動をコードや開示府令で求められる取り組みとして位置付けることのないように注意が必要です。

　ESGやサステナビリティ課題への取り組みについては，第2部第2章で詳しく見ていきます。

【コラム②●座学も重要です】

　社会人として実務に携わるようになると，日々忙しく過ごすことになるので，勉強をする時間を取るのが難しくなるのですが，ただ単に実務をこなすだけでは力は付きません。弁護士になりたての頃，先輩弁護士から「実務はこんなもんだから」と言われたこともありましたが，そうなってしまっては，実務の進歩はないわけです。もちろん，実務の世界で教科書的に正しいことをそのまま実行することは難しく，またそうすることが良い結果をもたらさない場合があるというのは確かだと思いますが，正確な知識と正しい理解を持ちつつ必要に応じて臨機応変に対応するのと，過去の経験からこんなもんだろうと対応するのは全く違います。経験を積むことが重要なのは言うまでもありませんが，併行して勉強を継続するのもとても重要なことです。

　会社法やコーポレートガバナンスの分野にかかわらず，企業を取り巻く状況は刻々と変化しており，企業の実務に携わる者は，随時，知識をアップデートする作業が欠かせません。また，次々と出てくる情報を適切に分析・評価するための基盤となる知識や思考を身に付けておくことも重要です。これがなければ，様々な情報に踊らされてしまうからです。

　勉強をするときは，深さも大事ですが，広さも大事です。企業法務に携わる弁護士や法務担当者にとって，実務で多く携わる法令の知識を深めることは重要なことですが，周辺領域について一定程度理解しておくこともとても重要なことです。財務や投資，IR，ガバナンスなどの企業経営に関わる様々な分野について一定程度の理解を持つことで，広い視野を身に付けることができます。広い視野で自社あるいはクライアント企業が置かれている状況を把握し，そのうえで，自分の役割を企業価値と結び付けながら仕事に取り組むことで，自身の仕事の価値は大きく高まりますし，モチベーションも上がります。本書には，企業実務に携わる方々が教養として理解しておくべき基本的な事項をまとめていますが，各専門分野で様々な書籍や論文が出ていますので，本書に限らず，ぜひ，いろいろな文献や論文を読んで見識を広げていただきたいです。

【深掘り文献・論文リスト】────────────────────────

- 武井一浩編著『コーポレートガバナンス・コードの実践〔第3版〕』（2021，日経BP）
- 中村直人＝倉橋雄作『コーポレートガバナンス・コードの読み方・考え方〔第3版〕』（2021，商事法務）
- 松田千恵子『サステナブル経営とコーポレートガバナンスの進化』（2021，日経BP）
- 宍戸善一『ベーシック会社法入門〔第8版〕』（2020，日本経済新聞出版）
- 伊藤靖史ほか『会社法〔第5版〕（LEGAL QUEST）』（2021，有斐閣）
- 黒沼悦郎『金融商品取引法入門〔第8版〕』（2021，日本経済新聞出版）
- 宍戸善一＝大崎貞和『上場会社法』（2023，弘文堂）
- 中村直人編著『コンプライアンス・内部統制ハンドブック』（2017，商事法務）
- 中村直人編著『コンプライアンス・内部統制ハンドブックⅡ』（2019，商事法務）
- 中村直人＝仁科秀隆編著『監査役・監査等委員・監査委員ハンドブック』（2021，商事法務）
- 高橋均『監査役監査の実務と対応〔第8版〕』（2023，同文舘出版）

求められる経営改革の 中身

第1章

企業価値向上の基盤となる
資本コスト経営

Questions

- なぜ投資家は資本コスト経営を求めているの？
- 伊藤レポートの「ROE8％目標」って何を言ったものなの？
- ROICって何？
- 事業ポートフォリオマネジメントって何？
- 売上や利益が上がるだけではなぜダメなの？
- 市場評価を上げるには何が必要なの？

概　要

　コーポレートガバナンスは，企業価値向上に向けた合理的な経営が行われるように経営者を監督する仕組みですが，コーポレートガバナンス・コードが導入されてから約10年が経ち，仕組みを整えるだけでは企業価値が高まらないことがわかってきました。仕組みを整えることはもちろん重要なことではありますが，経営の中身が変わらなければ企業価値は高まりません。第2部では，企業価値の向上に向けて求められている経営改革の中身を見ていきます。

　まずは財務面です。投資家には，資金提供の見返りとして期待をしているリターンが存在しているため，ただ単に利益（キャッシュ）を増やせば足りるわけではなく，事業活動を通じて投資家の合理的な期待を上回るリターンを創出していくことが求められます。これは，資本コスト経営と呼ばれるもので，コーポレートガバナンス・コードも，上場企業各社に対して資本収益性を意識した経営を行うことを求めています。資本収益性を上げて企業価値（株主価値）を高めていくことは，株主に対する価値創造としても重要な取り組みです

が，恩恵を受けるのは株主だけではありません。会社の持続的な成長と中長期的な企業価値の向上を実現するための基盤となるものです。

　本章では，会社の持続的な成長と中長期的な企業価値の向上を実現していくための基盤となる資本コスト経営について，その基本的な内容を見ていきます。

1　資本コスト経営

　上場企業の取締役経営陣には，企業価値の向上に向けた経営，すなわち会社が将来得ると期待されるフリーキャッシュフローの割引現在価値の最大化に向けた経営を行うことが求められるというのは第1部で見てきたとおりですが，投資家には，資金提供の見返りとして期待をしているリターンが存在しているため，事業活動を通じて投資家の合理的な期待を上回るリターンを創出していかなければなりません。

　金融機関から借り入れを行う際に，利息という形で借り入れのコスト（負債コスト）が発生するのと同様に，株主による出資に関しても，配当や株価の値上がり益を合わせた利回りというコストが発生します。これが株主資本コストです。株主（投資家）は，投資先企業の経営実績や経営環境等を踏まえて投資に伴うリスクを想定したうえで，これだけのリターンがあるのであれば投資をしてもよいという要求リターンを設定しているため，株主に対する受託者責任を果たすためには，株主の合理的な期待を上回るリターンを創出することが求められます。

　「株主の期待収益率を上回るリターンを創出すること」ということは，別の言葉で言い換えると，「株主資本コストを上回るROEを達成すること」と表現することができます。ROEは，投下した自己資本に対する利益率（自己資本利益率）のことで，「当期純利益÷自己資本×100」の計算式によって得られます。ROEが高いほど，株主から出資されたお金をうまく使って効率的に稼いだということになります。2014年に公表された伊藤レポートにおいて，「ROE8％」という目標が示されたのが記憶に新しいところですが，これはグローバルな機関投資家が日本企業に期待する資本コストの平均が7％超との調査結果が示されたことを受け，グローバルな投資家と対話をする際の最低ラインとし

て8％を上回るROEを達成すべきという考え方を示したものです[1]。伊藤レポートで示されたROE8％という目標値は，依然として実務上大きな影響力を有しており，現在においても，多くの企業において，ROE8％を意識した経営が行われています。

　金融機関から借り入れを行った場合に利息分を支払うというのは当たり前の話で，利息を支払わない企業が続出するというような事態は起きていないわけですが，株主資本コストに関しては，多くの上場企業で，投資家の要求リターンを意識した経営が行われず，株主の期待を裏切る状況が続いてきました。こうした状況を改善し，株主資本コストを意識した経営を普及させるために**伊藤レポートやコーポレートガバナンス・コードを通じて資本効率を意識した経営を求める**ようになったというわけです。

CGコード原則5−2（経営戦略や経営計画の策定・公表）
　経営戦略や経営計画の策定・公表に当たっては，自社の資本コストを的確に把握した上で，収益計画や資本政策の基本的な方針を示すとともに，収益力・資本効率等に関する目標を提示し，その実現のために，事業ポートフォリオの見直しや，設備投資・研究開発投資・人的資本への投資等を含む経営資源の配分等に関し具体的に何を実行するのかについて，株主に分かりやすい言葉・論理で明確に説明を行うべきである。

　対話ガイドラインにおいても，「経営陣が，自社の事業のリスクなどを適切に反映した資本コストを的確に把握しているか。その上で，持続的な成長と中長期的な企業価値の向上に向けて，収益力・資本効率等に関する目標を設定し，資本コストを意識した経営が行われているか。また，こうした目標を設定した理由が分かりやすく説明されているか。中長期的に資本コストに見合うリターンを上げているか。」（項目1−2）が，企業と投資家が重点的に議論すべき項目の一つとして示されています。

　また，金融庁から示された**コーポレートガバナンス改革の実質化に向けたア**

クション・プログラムにおいても，資本コストの的確な把握やそれを踏まえた収益性・成長性を意識した経営を行うことが求められています[2]。

2　株主資本コスト

(1)　株主資本コストの算出

株主資本コストを算出する場合，一般に，CAPM（Capital Asset Pricing Model）と呼ばれるモデルが使われます。計算式は以下のとおりです。

$$
\text{株主資本コスト} = \text{リスクフリーレート} + \text{ベータ（}\beta\text{）}\times\text{マーケットリスクプレミアム}
$$

CAPMの理論的根拠や計算式の詳細については，他の専門書に譲ることにして[3]，本書では，初学者の方でもイメージが湧きやすいようにポイントを簡単に見ていきます。

まずは，リスクフリーレートです。リスクフリーレートは，最も安全に投資をした場合に得られるリターンで，一般に10年物の国債の利回りが使われると言われています（本書執筆時点では0.83%）。

マーケットリスクプレミアムは，株式市場全体に投資した場合の期待リターンで，TOPIX（東証株価指数）などの利回りの実績から算出されます。5〜6%ぐらいが適切であろうと説明される場合が多いです。

最後はベータ（β）です。ベータ（β）は，市場全体の株価の動きに対する当該株式の感応度を示すものです。当該株式が市場の変動と全く同じに変動する場合，βは1になります。市場の変動よりも大きく変動する場合は1より大きく，小さく変動する場合は1より小さくなります。つまり株価変動リスクが

2　金融庁「コーポレートガバナンス改革の実質化に向けたアクション・プログラム（「スチュワードシップ・コード及びコーポレートガバナンス・コードのフォローアップ会議」意見書（6））」（2023年4月26日）4頁。

3　鈴木一功『企業価値評価　入門編』（2018，ダイヤモンド社）59頁以下，鈴木一功＝田中亘『バリュエーションの理論と実務』（2021，日本経済新聞出版社）240頁以下を参照。

大きいほどベータ（β）の値は大きくなります。

　計算式をまとめると，最も安全に投資をした場合に得られるリターン（リスクフリーレート）に，株式市場全体に投資をした場合に期待されるリターンに当該株式固有の株価変動リスクを掛け合わせて算出されるリターン（β×マーケットリスクプレミアム）を加えることで株主資本コストが算出されるということになります。たとえば，リスクフリーレートが0.5%，マーケットリスクプレミアムが5％，対象企業株式のベータが1.5の場合，当該企業の株主資本コストは，0.5%＋（1.5×5％）＝8％となり，株主資本コストを上回るリターンを達成するためにはROEの数値が8％を上回らなければならないことになります。

　CAPMは，株主資本コストを算出する方法として広く用いられている方法ではありますが，CAPMを用いて算出される数値は絶対的なものではなく，おおよその目安に過ぎませんので，一応の数値を把握するための方法として捉えておくようにしましょう。

⑵　業種で異なる資本コスト

　株主資本コストには，業種ごとに一定の傾向が見られます。投資家の立場で考えれば当然の話ですが，ハイリスクな事業を営む企業へ投資をするのであれば高いリターンを求めることになりますし，低リスクの事業を営む企業へ投資をするのであれば高いリターンは求めません。そのため，リスクの大きな事業を営む企業ほど株主資本コストは高くなる傾向にあり，たとえば，海運業や電気機器などの製造業では株主資本コストが高くなる傾向が，食料品や農林・水産業などでは株主資本コストが低くなる傾向が見られます。

　ただし，同業であれば資本コストが同じになるというわけではありません。各社それぞれ固有の事業リスクや株価変動リスクがあるため，同じ業種でも資本コストが大きく異なる場合もあります。投資家との対話をする際には，自社の資本コストが同業他社と比べて高いのか低いのか，またその要因はどこにあるのかを把握しておくことが重要です。

【図表2−1】　資本コストに対するROE水準に関する企業と投資家の認識の乖離[4]

9. 資本コストに対するROE水準の見方（企業・投資家）

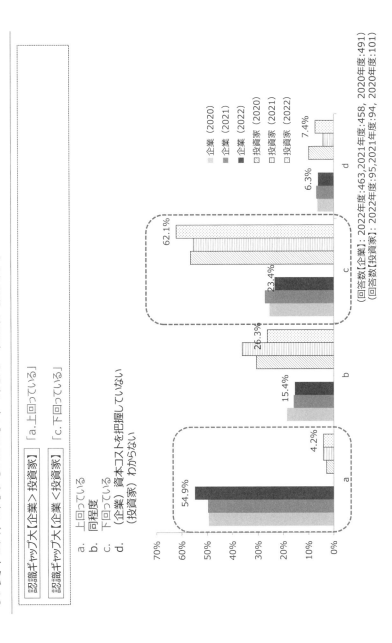

⑶　企業と投資家の認識ギャップ

　上場企業各社は，CAPMを用いた算定数値や業界水準，自社が抱える固有のリスク等をもとに，自社のおおよその株主資本コストを把握しているわけですが，企業側が考える自社の株主資本コストと投資家が考えている株主資本コストは，必ずしも一致しているわけではなく，むしろ大きな開きが生じてしまっているのが実態です。アンケート結果を見ると，企業の多くは，株主資本コストを上回るROEを達成していると認識しているものの，投資家の多くは，ROEは株主資本コストを下回ってしまっていると認識しており（図表2－1），企業が認識している株主資本コストは，投資家の考える株主資本コストより低く設定されてしまっている実態が見て取れます。

　企業側が認識している株主資本コストを上回るリターンを上げたとしても，投資家の期待値に届かなければ，投資家の満足は得られず，株主に対する受託者責任を果たしたことにはなりませんので，株主資本コストに対する取締役経営陣と投資家の認識に乖離がないかを検証する作業が欠かせません。そこで必要になるのが投資家との対話です。取締役経営陣には投資家との対話を通じて，資本コストに対する認識ギャップを埋めていく作業が求められます。

⑷　株主資本コストは低減できる

　株主の期待を上回るリターンを創出するためには，資本収益性（ROE）を高める取り組みのほかに，株主資本コストを低減する取り組みを行うことも重要になります。

　投資家は，対象企業に投資をする際のリスクを見積もったうえで，最低限の要求リターン（株主資本コスト）を設定しているため，投資リスクに対する不安を和らげることで株主資本コストを低減させることができます。株主資本コストの決定要因には様々な要素がありますが，たとえば，サステナビリティ課題への対応やコーポレートガバナンス体制の強化についても，収益の継続性や安定性を高める要素と考えられており，これらの取り組みを進めることで株主

4　生保協会アンケート2022・11頁。

資本コストを下げる効果が期待できます。

　株主資本コストを低減させるうえで重要になるのが情報開示です。各社で，（中期）経営計画や統合報告書が公表され，以前と比べると情報開示が進んできてはいるものの，依然として，投資家が投資判断をするのに必要な情報が十分に開示されていない企業が少なくありません。そもそも投資家がどのような情報の開示を望んでいるのかを把握できていないという場合は，どのような情報開示が求められるのか，対話を通じて，直接，投資家に聞いてみるとよいでしょう。

　対話の結果，開示以前に，そもそもリスクを低減するために必要な取り組みが行われていなかったことが明らかになることもあるかもしれません。その場合は，投資家から指摘された事項を経営課題として認識し，取締役会で対応を検討するところから始める必要があるでしょう。

3　ROIC経営

(1)　ROICとは

　近時，ROIC（投下資本利益率）を，重視する経営指標として取り入れる企業が増えてきています[5]。ROE（自己資本利益率）が，株主が投資した資金からどのぐらい効率的に利益を上げられているかを示す指標であるのに対し，ROICは，銀行からの借り入れや社債の発行による調達資金も含め，調達した全ての資本からどのぐらい効率的に利益を上げられているかを示す指標です。比較対象となる資本コストには，株主資本コストではなく，負債コスト（金利）と株主資本コストの加重平均からなる**加重平均資本コスト（WACC）**が使われます。

　ROICにはROEにはない利点があります。一つは，容易に操作できない点です。ROEは，自社株買いをして自己資本（分母）を減らすことで容易に数値を上昇させることができてしまうのに対し，ROICは，他人資本も分母に加わ

5　HRガバナンス・リーダーズ株式会社が行った調査によれば，2022年の10月末時点で，TOPIX100の構成企業の17％がROICの目標値を，21％が全社実績値を開示しています。

るため，ROEのような数値の操作ができません。そのため，投下資本の調達
コストに応じた収益力が正しく反映されやすいといえます。

　また，資本コストとの比較可能性や事業部門レベルへのブレークダウンのし
やすさという点でもROICは優れていると言われています[6]。

　企業全体で資本効率を高めていくためには，営んでいる事業ごとに損益分岐
点となるハードルレートとしての資本コストを算定し，各事業で資本コストを
上回る収益率を確保することが求められますが，これを実現するためには，
ROICの目標値と現場の従業員が達成すべき目標（KPI）を連動させることが
有用であり，製造業を中心にこうした取り組みを行う企業が増えてきています
（図表2－2）[7]。

6　事業再編ガイドライン・44頁。

7　オムロンでは，売上高利益率（ROS）と投下資本回転率に分解し，その後，売上総利
　益率や販売管理費率，運転資本回転率等の現場レベルの具体的な指標まで細分化すること
　で，従業員の階層に応じて具体的に意識しやすい指標として活用する取組みが行われてい
　ます（事業再編ガイドライン・44頁）。

8　オムロン株式会社「統合レポート2022」21頁。

【図表2-2】　オムロンのROIC逆ツリー[8]

■ROIC逆ツリー

ROIC		改善ドライバー	KPI
ROS		売上総利益率	注力業界/新商品売上
			サービス/リカーリング売上
			オンラインチャネル売上
		付加価値率	革新アプリ数
			標準部品搭載率
			CD率/失敗コスト率
		製造固定費率	一人当り生産台数
			自動化率(省人数)
		販管費率	人的生産性
			間接部門人員数
			ITコスト/ファシリティコスト
		R&D率	
投下資本回転率		運転資金回転率	生産LT
			不動在庫額
			滞留債権額
		固定資産回転率	設備投資額
			M&A投資によるシナジー効果

ROIC逆ツリー展開

ROIC逆ツリー展開により、ROICを各部門のKPIに分解して落とし込むことで、現場レベルでのROIC向上を可能にしています。ROICを単純に分解した「ROS」、「投下資本回転率」といった指標では、現場レベルの業務に直接関係しないことから、部門の担当者はROICを向上させるための取り組みをイメージすることができません。例えば、ROICを自動化率や設備回転率といった製造部門のKPIにまで分解していくことで、初めて部門の担当者の目標とROIC向上の取り組みが直接つながります。現場レベルで全社一丸となりROICを向上させているのが、オムロンの強みです。

(2) 実例―セブン&アイHDのセグメント別ROIC―

　一例として，セブン&アイホールディングス（HD）のセグメント別ROICを見てみましょう。

　図表2-3は，2021年7月1日付中期経営計画で公表されたセブン&アイHDのセグメント別ROICです。国内CVS（コンビニエンスストア事業），海外CVS事業，スーパーストア事業，百貨店・専門店事業の4つのセグメントのROICと連結WACCとの関係が示されています[9]。最も収益性の高い事業は国内CVS事業です。国内CVSのROICは20%前後と高い水準で推移しています。海外CVS事業は，国内CVS事業ほどの資本収益性はありませんが，2021年度を除けば，会社が認識している連結WACCを上回るROICを達成している状況です。

　これに対し，スーパーストア事業（イトーヨーカ堂）と百貨店・専門店事業（そごう・西武）は，2020年度までマイナスとなっており，その後も，連結WACC（資本コスト）を下回る水準で推移しています。この数値だけから単純に考えれば，CVS事業，とりわけ国内CVS事業は，セブン&アイHDの企業価値を高める事業であり，スーパーストア事業と百貨店・専門店事業は企業価値を毀損する事業ということになるため，スーパーストア事業と百貨店・専門店事業に割り当てる資金があれば，CVS事業に割り当てた方がより効率的に多くのキャッシュを生み出せるということが言えるわけです。こうした状況の中で，セブン&アイHDでは，百貨店・専門店事業（そごう・西武）の切り離しが行われたほか，取締役の交代を求める株主提案がなされるなど，経営改革に向けた大きな動きが見られました。この問題については，本書第3部第1章3で詳しく見ていきます。

9　本来，セグメントごとにWACCの数値は異なりますが，セブン&アイHDの公表資料では，各セグメントのROICとの比較対象として連結WACCが用いられています。この連結WACCの数値が投資家の期待値を範囲した適切な数値であるかどうかという議論はここでは捨象します。

【図表2－3】　セグメント別ROIC（セブン＆アイHD）[10]

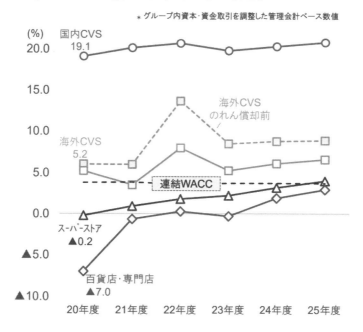

＊グループ内資本・資金取引を調整した管理会計ベース数値

4　資本効率を重視する際の留意点

　これまで売上や利益だけを重視し，効率性を意識した経営が行われてこなかったのだとすれば，今後は，企業価値を高めていくために，投下した資本からどれぐらい効率的に収益を上げられているかを意識しながら経営を行う必要があります。

　しかし，効率性を高めることには弊害もあります。効率的に稼ぐことばかりを意識してしまうと，より少ない元手で利益を上げようとするあまり，成長投資への資金の活用が抑制されてしまい，企業の成長が阻害されるおそれがあります。大量の自社株買いを行い，人件費を抑制し，M&Aへの活用資金も切り

<hr>

10　セブン＆アイHD「2021年7月1日付け中期経営計画2021-2025」60頁。

詰めるなどすることで高ROE，高ROICの状態を作り出しても，それは一時的なものに過ぎず，将来的な企業価値の向上は望めません。中期経営計画においてROEやROICの数値目標を提示し，目標の達成に向けて資本効率を高めていくことは企業価値の向上に向けた有意義な取り組みではありますが，資本効率を意識し過ぎるあまり，短期志向や縮小均衡に陥ることのないように注意が必要です。

　資産を効率的に活用することを目指しつつ，縮小均衡に陥ることを防止することを目的に，資産をどれだけ効率的に活用してリターンを最大化したかを「率」ではなく「金額」で評価する取り組みも見られます。たとえば，ピジョン社では，金額で表されるPVA（Pigeon Value Added）[11]という独自の経営指標を設定し，PVAツリーを作成することでPVA経営を全社的に浸透させる取り組みを行っています（図表2－4）。

　資本効率は常に高くなければならないわけではなく，企業や事業のライフステージや状況に応じてその重要度は異なります。たとえば，自社が，成長期にあるのであれば，ROICを高めることよりも成長投資を優先するべきであり，成長投資に資金を活用したことで資本効率が下がったとしても問題はないわけです（もちろん成長投資の中身は問われます）。また，企業価値向上に向けた基盤を作るための構造改革などに多額の資金を投入すれば，一時的に資本効率が低下するかもしれませんが，それが将来的に企業価値を高めていくために必要な対応なのであれば，問題はありません。説明をすれば投資家も理解を示してくれるはずです。

　コーポレートガバナンス・コードで求められているのは「企業の持続的な成長と中長期的な企業価値の向上」であって，高ROE，高ROIC状態を作り出すことではありませんので，ROEやROICの数値に縛られることで本来の目標を見失うことのないように注意が必要です。

11　PVA＝みなし税引後営業利益（NOPAT）－資本コスト（投下資本×WACC）。

【図表2−4】 ビジョン社のPVAツリー[12]

PVAツリー（2022年12月期）

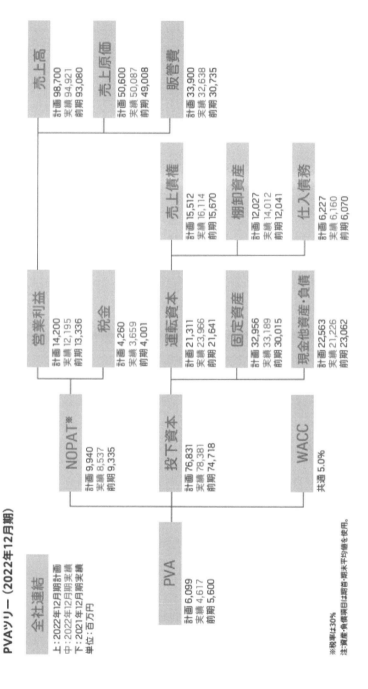

全社連結

上：2022年12月期計画
中：2022年12月期実績
下：2021年12月期実績
単位：百万円

売上高	計画 98,700 実績 94,921 前期 93,080
売上原価	計画 50,600 実績 50,087 前期 49,008
販管費	計画 33,900 実績 32,638 前期 30,735
売上債権	計画 15,512 実績 16,114 前期 15,670
棚卸資産	計画 12,027 実績 14,012 前期 12,041
仕入債務	計画 6,227 実績 6,160 前期 6,070
営業利益	計画 14,200 実績 12,195 前期 13,336
税金	計画 4,260 実績 3,659 前期 4,001
運転資本	計画 21,311 実績 23,966 前期 21,641
固定資産	計画 32,956 実績 33,189 前期 30,015
現金他資産・負債	計画 22,563 実績 21,226 前期 23,062
NOPAT*	計画 9,940 実績 8,537 前期 9,335
投下資本	計画 76,831 実績 78,381 前期 74,718
WACC	共通 5.0%
PVA	計画 6,099 実績 4,617 前期 5,600

※税率は30%
注：資産・負債項目は期首・期末平均値を使用。

5　事業ポートフォリオマネジメント―効率性と成長性を軸にした事業の再編―

(1)　事業ポートフォリオマネジメント

　資本コストを上回る収益を上げながら持続的な成長のための攻めの投資を続けていくためには，事業のライフサイクルや経営環境の変化に合わせて事業ポートフォリオ（事業の組み合わせ）を見直し，その最適化を図っていくことが不可欠であり，その出発点として，既存事業に関する評価分析を行うことが求められます[13]。

　事業の評価は，資本収益性と成長性の二軸で行われます。資本収益性の高い事業（WACCを上回るROICを達成できている事業）は企業価値の向上に寄与しており，資本収益性が低い事業（WACCを上回るROICを達成できていない事業）は企業価値を毀損している事業ということになると説明しましたが，仮に，その時点における資本収益性が低かったとしても，市場全体の成長率や自社の保有する技術やその他の強み等を勘案した結果，今後，高い成長が見込まれるのであれば，その事業には投資を続けた方がよいということになるでしょう。逆に，現在は効率よく稼げている事業であっても，将来成長が見込まれないのであれば，早めにその事業から撤退をするという判断もあって良いわけです。

　全体として企業価値を高めていくためには，資本収益性と成長性を軸として各事業の評価を行い，その評価結果にしたがって，事業の撤退や売却も含めた事業の組み換えを行うことが重要になります。これは**事業ポートフォリオマネジメント**と呼ばれるもので，コーポレートガバナンス・コードでも，資本コストを踏まえた事業ポートフォリオの見直しを求めています（本書66頁，CGコード原則5－2参照）。

12　ビジョン株式会社「統合報告書2022」6頁。
13　事業再編ガイドライン・39-40頁。

⑵　コングロマリットディスカウント

　こうした背景には，少なくない数の上場企業において，<u>多くの産業を抱える複合企業（コングロマリット）の企業価値が，事業ごとの企業価値の合計よりも小さいコングロマリットディスカウント</u>と呼ばれる現象が起きてしまっているという実態があります（図表２−５参照）。多角化企業における低収益セグメントの割合は，米国企業が約３割，欧州企業が約７割であるのに対し，日本企業は約９割であるとの調査結果もあり[14]，低収益事業を抱え込むことで全体の企業価値が押し下げられてしまっている状況が，企業価値の向上を妨げている大きな要因になっているとの指摘がなされています。

　投資家は，多角化経営によってコングロマリットディスカウントが生じることを嫌い，資本効率の改善に向けた対応として，事業の選択と集中を求めますが，企業側は，コストの削減や事業規模の拡大などによる対応を中心に考え，事業の撤退・売却には消極的な姿勢を取っているため，コングロマリットディスカウントの解消に向けた対応方針について，投資家と企業の考え方には大きな乖離が生じているのが現状です（図表２−６参照）。

⑶　各社における取り組みの現状

　資本収益性と成長性をもとに事業ポートフォリオの最適化を図っていくことは，企業価値を高めていくうえで欠かせない取り組みであり，コーポレートガバナンス・コードでも，事業ポートフォリオに関する戦略の実行が企業の持続的な成長に資するように経営陣を監督していくことは，取締役会の責務とされています[15]。そして，これを実行していくためには，事業セグメントごとに，損益分岐点となるハードルレートとしての資本コストを把握する必要がありますが，事業セグメントごとに資本コストを算定している企業は少ないのが現状です。

　また，2019年度に行われた調査結果を見ると，算定した資本コストについて

14　経済産業省「第１回事業再編研究会　事務局説明資料」（2020年１月31日）３頁。
15　CGコード補充原則４−２②。
16　経済産業省・前掲注（14）９頁。

【図表2-5】　事業セグメント数とPER（株価収益率）の関係[16]

- 東証1部の主要企業では、事業セグメントの数が多いほどPER（株価収益率）が低くなる傾向。
- 「不採算事業を切り離し、中核事業に経営資源を集中することが企業価値向上につながる」との指摘あり。※SMBC日興証券チーフ株式ストラテジスト。

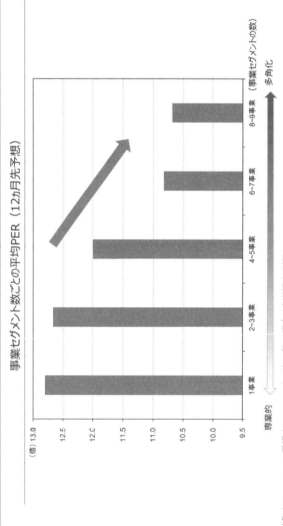

事業セグメント数ごとの平均PER（12カ月先予想）

（倍）13.0

12.5

12.0

11.5

11.0

10.5

10.0

9.5

事業的　　　　　　　　　　多角化

1事業　2-3事業　4-5事業　6-7事業　8-9事業　（事業セグメントの数）

(注)　対象はTOPIX1000。予想はQUICKコンセンサス（無い場合は東洋経済予想）。
　　　PER：株価/1株当たり当期純利益
(出所)　SMBC日興証券作成。

取締役会で議論していないという企業が全体の43％を占め，株主と議論を行い検証していると答えた企業はわずか3％に過ぎません[17]。事業ごとの貸借対照表とキャッシュフロー計算書を整備している企業の割合も，それぞれ37％，20％に過ぎず[18]，資本コストを踏まえた事業ポートフォリオマネジメントが適切に行われている企業の割合はまだまだ少ないのが現状です。

(4)　実例—味の素のケース—

　参考までに，資本効率と成長性を踏まえた事業ポートフォリオマネジメントを行っている味の素の例を見てみましょう。

17　経済産業省・前掲注（14）16頁。
18　経済産業省・前掲注（14）17頁。
19　生保協会アンケート2022・12頁。

【図表2－6】　資本効率向上のために重視／期待している取り組み（企業・投資家）[19]

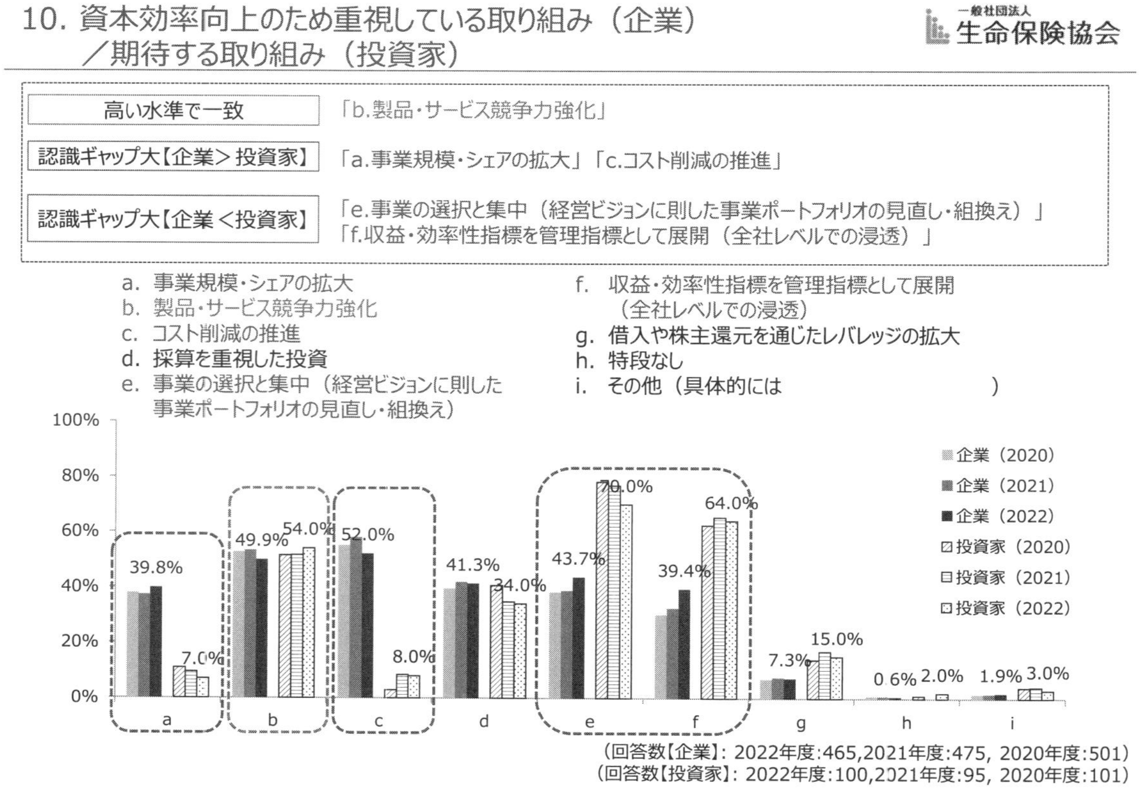
10. 資本効率向上のため重視している取り組み（企業）
／期待する取り組み（投資家）
一般社団法人 生命保険協会
高い水準で一致
「b.製品・サービス競争力強化」
認識ギャップ大【企業＞投資家】
「a.事業規模・シェアの拡大」「c.コスト削減の推進」
認識ギャップ大【企業＜投資家】
「e.事業の選択と集中（経営ビジョンに則した事業ポートフォリオの見直し・組換え）」
「f.収益・効率性指標を管理指標として展開（全社レベルでの浸透）」
a. 事業規模・シェアの拡大
b. 製品・サービス競争力強化
c. コスト削減の推進
d. 採算を重視した投資
e. 事業の選択と集中（経営ビジョンに則した事業ポートフォリオの見直し・組換え）
f. 収益・効率性指標を管理指標として展開（全社レベルでの浸透）
g. 借入や株主還元を通じたレバレッジの拡大
h. 特段なし
i. その他（具体的には　　　　　　　）
100%
80%
60%
40%
20%
0%
39.8%
7.0%
49.9%
54.0%
52.0%
8.0%
41.3%
34.0%
43.7%
70.0%
39.4%
64.0%
7.3%
15.0%
0.6%
2.0%
1.9%
3.0%
a
b
c
d
e
f
g
h
i
企業（2020）
企業（2021）
企業（2022）
投資家（2020）
投資家（2021）
投資家（2022）
（回答数【企業】：2022年度:465,2021年度:475, 2020年度:501）
（回答数【投資家】：2022年度:100,2021年度:95, 2020年度:101）

【図表２−７】　事業ポートフォリオマネジメント（味の素）[20]

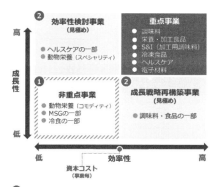

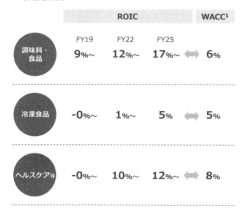

___

20　「味の素グループのASV経営　2030年の目指す姿と2020-2025中期経営計画」（2020年２月19日）17頁。

　味の素では，成長性と効率性の2軸で各事業の評価を行い，①成長性と効率性が共に高い重点事業，②成長性は高いが効率性に課題がある効率性検討事業，③効率性は高いが成長性に課題のある成長戦略再構築事業，④成長性と効率性が共に低い非重点事業の4つに分類しています。そして，非重点事業については，2022年度までに再編をする方針が示されており，現に非重点事業に分類されている動物栄養（コモディティ）事業については，動物栄養事業の構造改革の完遂に向けて，2021年に，欧州にある飼料用アミノ酸会社の全株式の売却が行われています[21]。

　味の素では，効率性を評価するに当たって，先ほど見たセブン＆アイHDのケースのように，全社的な資本コストを活用するのではなく，セグメントごとに資本コスト（WACC）を算出してROICとの対比を行っているため，投資家は，各セグメントの効率性を正確に把握することができます。

　どこまでの開示を行うかはともかくとして，少なくとも，自社で営んでいる各事業の成長性と効率性について，ざっくりとでもこうした資料を作れる程度の検討が取締役会で行われることは必須のことといえるでしょう。これができていなければ，中長期的な企業価値の向上は望めませんし，投資家と中身のある充実した対話を行うこともできません。取締役会において，成長性と効率性を軸とした事業の評価に向けた結論を行えていない企業は，まずはこれを行うところから始める必要があります。

　もちろん開示をするのも重要なことです。各社の中期経営計画を見ると，事業・セグメント別の売上・利益の実績と目標が羅列されているだけで，事業ごとの効率性と成長性を取締役経営陣がどのように見ているのかを判断できないケースが少なくありませんが，これでは，企業価値の向上に向けた戦略が見えず，投資家からの評価も得られません。必要以上に細かい計画や数値目標まで開示する必要はありませんが，将来成長に向けて取締役経営陣が事業ポートフォリオをどのように再編していくことを想定しているのかを投資家が判断できる程度の情報は開示する必要があるでしょう。

21　味の素㈱の2021年2月26日付け・同年4月15日付けプレスリリース。

⑸　事業ポートフォリオの再編はサステナビリティと矛盾しない

　事業ポートフォリオの再編を進める場合，低収益・低成長事業からの撤退が避けられません。こうした事業からの撤退については，「経済合理性だけを考えた株主至上主義的発想であり，サステナビリティの時代には従業員や取引先の利益など，経済合理性以外の要素も考えるべきだ」という考えもあるかもしれませんが，企業価値を毀損する部門を抱え続けてしまっては，株価や株主配当に悪影響が出るのは当然のこととして，従業員の賃金は上げられませんし，コスト削減を進めるために，取引先に対して取引価格の引き下げを求めざるを得ないということもあるかもしれません。

　簡単に割り切れない部分はあるかもしれませんが，業績が低迷した状態を続けるよりは，当該事業部門の価値を高めることのできる企業やファンドなどのベストオーナーに売却し，売却によって得た資金を資本効率が高く，成長が見込まれる事業に活用することが，全体としてみれば，株主，従業員，取引先その他のステークホルダーの利益に適うサステナブルな対応であるという発想を持つことも必要でしょう。

6　資本コスト経営の推進に向けて

　中長期的に企業価値を高めていくためには，財務面での経営管理の見直しが不可欠です。これまでは，前年よりも売上や利益を伸ばしつつ，同業他社と遜色ない配当性向を維持していれば問題ないであろうと考えていた経営者の方々が少なくなかったように見受けられますが，今後は，資本コストを意識しながら手元資金を戦略的に活用していくこと，すなわち，手元資金をどのような方針で株主還元と再投資に配分するのか，さらに，投資に関しては，どの事業のどの投資項目（設備投資，M&A投資など）にどれだけのキャッシュを割り当てるのかといういわゆるキャピタルアロケーションの最適化を図ることが求められます。

【図表 2 － 8 】　キャピタルアロケーション（ソニー）[22]

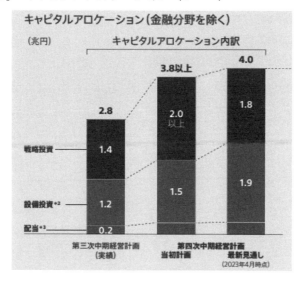

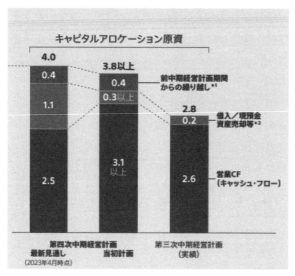

22　ソニーグループ株式会社「Corporate Report 2023　統合報告書」12頁。

　売上や利益ばかりを重視してきた企業は，売上や利益の伸び率をベースとするPL経営から，資本効率と成長性を意識したBS経営へとシフトさせ，これを前提とした長期ビジョンや中期経営計画を策定するところから始めなければなりません[23]。M&Aのようなわかりやすく売上や利益に貢献する取り組みには予算を割いて対応する一方で，直ちに売上や利益に結び付くわけではない経営改革については，本腰が入らないというのが経営者の本音かもしれませんが，これらの経営改革に資金や人員を投入することは，まさに成長投資であり，自社株買いに使う資金（内部留保）があるのであれば，その一部だけでもこれらの取り組みに活用すれば，確実に中長期的な企業価値の向上に繋がっていくはずです。投資家もポジティブに捉えてくれるでしょう。

　投資家は基本的に自社株買いを歓迎しますが，投資家が中長期的な投資・財務戦略に関して重視しているのは，研究開発投資や人材投資などの成長投資への資金の活用であり，企業側が認識しているほど，株主還元を重視しているわけではありません[24]。自己資本（内部留保）が過剰に積み上がり，資本コストを押し上げてしまっている場合には，株主資本と負債の比率の最適化（資本コストの最小化）に向けて，一定の範囲で，増配や自社株買いを行うことも有用なことではありますが，まずは経営改革への資金の投入も含めた成長投資への資金の活用を考えるべきでしょう[25]。

　取締役経営陣に，資本コスト経営を進めるインセンティブを持ってもらうことも重要です。資本効率の低迷が常態化してしまっているのであれば，ROEやROICなどの資本収益性に関する指標を中期経営計画に盛り込むとともに，取締役の業績連動報酬のKPIに連動させるのが効果的な対応と考えられます。

23　生保協会アンケート2022・9頁では，約半数の企業が，中期経営計画の策定にあたって売上や利益の伸び率を重視していると回答しており，ROIC（17.6%）や資本コスト（3.0%）の数値を大きく上回っているのが現状です。

24　生保協会アンケート2022・15頁。

25　安倍内閣では，政策保有株式の売却によって得た資金がM&A資金などの実物投資に向かうことが期待されていたものの，実際には主として株主還元，特に自社株買いの資金に充てられてしまったこと，そして，これにより総資産回転率が向上したものの，ROEが上昇するという傾向が見られなかったことが実証研究によって確認されています（宮島英昭＝齋藤卓爾「企業統治改革のインパクト〔下〕―政策保有株の縮小と資本効率の改善は実現したのか―」旬刊商事法務2336号〔2023〕9頁）。

中期経営計画でROEやROICの数値目標を示しているにもかかわらず，業績連動報酬のKPIには売上高や営業利益しか含まれていないというケースも見られますが，資本収益性について目標を掲げているのであれば，業績連動報酬のKPIに資本収益性に関する指標を組み込むのが筋といえるでしょう。

　人材の確保も欠かせません。財務戦略が優れている企業では，力のあるCFO（最高財務責任者）が手腕を振るっています。上場企業全体で見ると，CFOを設置する企業が増えてきていますが，CFOと呼べるほどに高いスキルをもった人材を確保できている企業はまだまだ少ない状況です。高いスキルをもった人材の多くは大手グローバル企業に流れてしまうでしょうから，中小型の上場企業において高いスキルをもったCFOを採用することは容易ではないかもしれません。そういった企業にとっては，優秀なCFOの採用ではなく，外部専門家の活用や既存人材の強化，コーポレートファイナンスや資本市場に関する知見をもった社外取締役の選任などを通じて，企業価値向上に向けた財務戦略を立案し，遂行していくというのが現実的な選択肢になるでしょう。

7　市場評価を上げるには―求められるPERの改善―

　資本効率を高め，株主資本コストを上回るリターンを上げていくことが求められるという話をしてきました。実態として，自社の資本効率を高めて企業価値を向上させていくことは重要なことですが，株主に対する受託者責任を果たすためには，株価への反映という結果を得るところまでが求められます。

　2023年3月に，東京証券取引所から，上場企業各社に対し，**「資本コストや株価を意識した経営の実現に向けた対応について」**と題する資料が公表されたことを受け，各社で，株価の上昇（PBRの向上）に向けた取り組みが行われ始めています[26]。

---

[26]　東京証券取引所が，3月期決算企業を対象に，2023年12月末時点のコーポレート・ガバナンス報告書等の内容に基づき集計した結果によれば，要請にしたがって開示を行っている企業の割合は，プライム上場企業では49%，スタンダード上場企業19%に過ぎず，十分に開示が進んでいない状況です（東京証券取引所上場部「「資本コストや株価を意識した経営の実現に向けた対応」に関する開示状況（2023年12月末時点）」（2024年1月15日）2頁）。

[図表2−9]　資本収益性と市場評価を上げるために求められる取り組み[27]

JPX

「計画策定・開示」にあたってのポイント・留意事項①

開示が期待される項目

現状評価	・「現状分析」で実施した自社の資本収益性や市場評価に関する分析・評価について、投資者にわかりやすい形で示すことが期待されます。 ・資本コストの数値自体の開示は必ずしも求められませんが、**自社の資本コストについての考え方、計算手法など**算出の背景にある考え方などについて説明することが考えられます。 ・また、資本収益性や市場評価に関しては、単年だけではなく、複数年など一定期間の状況を分析・評価することが考えられます。
方針・目標	・資本収益性や市場評価に関して、**改善に向けた方針**や、**具体的な目標**について、投資者にわかりやすい形で示すことが期待されます。 ・目標とする指標は、自社の状況を踏まえて設定してください。なお、目標の設定に当たっては、**具体的な到達水準・達成時期**や目標の水準のほか、**ROEやEPS（1株当たり利益）の成長率など**変化率のトレンドを示す方法や、目指すレンジを示す方法を示す形でも考えられます。 ・**PBR1倍割れは、資本コストを上回る資本収益性を達成できていない、あるいは、成長性が投資者から十分に**評価されていないことが示唆される1つの目安と考えられます。他方で、既に1倍を超えている場合でも、更なる向上に向けた目標設定を行うことが考えられます。 ・現状の資本収益性や市場評価について、既に十分な水準が実現しており、改善に向けた方針や目標に代えて、その旨を示すことが考えられます。
取組み・実施時期	・資本収益性や市場評価の改善に向けた**具体的な取組み**や、**施策の実施時期**について、投資者にわかりやすく示すことが期待されます。 ・経営資源の適切な配分の実現に向けた取組みを示すにあたっては、たとえば、**グローバル市場における「事業計画及び成長可能性に関する事項の開示」で開示が求められている内容（事業の内容、市場環境、競争力の源泉、成長戦略など）**や開示示例を参考にしていただくことが考えられます。 ※グローバル市場における「事業計画及び成長可能性に関する事項の開示」の詳細はP8をご参照ください。 ・成長性等に関する投資資金及び成長可能性に関する観点からは、自社の事業の方向性、成長の実現に向けたサステナビリティや知的財産を含む無形資産に関する取組み等に関しても併せて示すことが考えられます。 ・取組みの一環として、投資報酬の改善や企業価値の改善に関する指標を含めるなど、持続的な成長に向けた健全なインセンティブとして、経営陣の報酬制度を活用していくことが考えられます。

　各社の開示資料を見ると，株価を上げるために，株主資本コストを上回る資本収益性を実現しようということで，ROEの向上に力点を置いた取り組みを進めている企業が多く見られますが，ROEが株主資本コストを上回る状態を作るというのは株式市場から求められる最低減の要請に過ぎず，それだけで当然に市場からの評価が得られるわけではありません。東証も，資本コストを上回る資本収益性を達成できていても，たとえばPBRが1倍を割れているなど，十分な市場評価を得られていない場合には，その要因を分析・評価し，改善に向けた方針や具体的な目標，さらには目標の達成に向けた具体的な取り組みや施策の実施時期を投資家にわかりやすく示すことを求めています（図表2－9参照）。

　中長期的に株価を高めていくためには，資本コストを上回る資本収益性を達成するとともに，将来成長に対する株主の期待値を上げていくことが必要です。近時，資本収益性（ROE）を高めるとともに，市場株価を上げる目的で自社株買いや増配を行う企業が多く見られますが，株主還元を充実させても肝心のキャッシュを生み出す力は高まりません[28]。2023年6月の定時株主総会では，内部留保を多く抱えるカネ余りの企業に対して，自社株買いや増配を求める株主提案が多くなされましたが，株主還元を充実させるあまり，設備投資や人材投資などの成長投資に活用する資金が不足してしまうことのないように注意が必要です。

　将来成長に対する期待を上げるとは，すなわち，PER（株価収益率）を上げるということを意味します[29]。PERは，現在の株価が，EPS（1株当たり純利益）の何倍の価値になっているかを示す指標で，15倍が一つの目安になると言

27　東京証券取引所上場部「資本コストや株価を意識した経営の実現に向けた対応について」（2023年3月31日）4頁。

28　「資本コストや株価を意識した経営の実現に向けた対応」に関する開示状況を踏まえた投資家からのフィードバックとして，「将来の成長に向けて，まず縮小するべきケースもあるが，企業が資産や負債の状況に関係なく，短期的に株価を上げたいがために自社株買いを行うということもあり得る。実際に，今年の自社株買いは過去最高ペースとなっており，全体としては良い影響があると思うが，その中には明らかに良くないものもあり，東証のガイドの仕方が重要」とのコメントが寄せられています（東京証券取引所上場部「資本コストや株価を意識した経営の実現に向けた対応」に関する企業の対応状況とフォローアップ〔2023年8月29日〕9頁）。

われています。PBR（時価総額／簿価純資産）は，ROE（当期純利益／簿価純資産）×PER（時価総額／当期純利益）の計算式で算出されるため，ROEの数値を高めたとしても，PERが低いままでは，PBRの値は十分に改善されません。たとえば，ROEの数値が10％であったとしても，PERが10倍を割っていると，PBRは1倍を割れることになってしまいます。資本効率が悪い状況を脱することのできていない企業は，まずはROEの改善を考えるべきですが，ROEの改善が進んできた企業は，期待成長性を高め，PERを改善することに注力する必要があるでしょう。

　将来成長に対する市場の期待値を上げるためには，世の中の変化や自社の競争優位性等を踏まえたうえで，成長戦略を描き，それを遂行するという作業が不可欠であり，将来，どこにどのようなニーズが生まれ，どのようなビジネスを展開していくのか，それを遂行するに当たってどのようなリスクがあり，そのリスクにどのように対処していくかという経営の本質的な部分について取締役会で議論をし，目標と対応を決定するとともに，株主が企業のリスクや将来性を分析・評価するために必要な情報を積極的に開示していくことが求められます[30]。

　ここは，本章で見てきた内容に加え，近時，重要性が高まっている非財務（ESGやサステナビリティ）の要素も影響してくる部分ですので，次章で非財務（ESGやサステナビリティ）の内容を詳しく見ていきます。

29　PERは，1／（株主資本コスト－期待成長率）の数式でも算出することができるため，株主資本コスト（リスク）が低く，期待成長率が高いほどPERの値は高くなります。

30　東京証券取引所から，企業価値と株価を上げるために必要なポイントを取りまとめた「投資者の視点を踏まえた「資本コストや株価を意識した経営」のポイントと事例」（2024年2月1日）と別紙事例集（2024年2月1日）が公表されており，参考になります。

31　日本郵政株式会社「資本コストや株価を意識した経営の実現」に向けた取組みについて」（2023年11月13日）。

[図表2−10]　開示例—日本郵政株式会社のケース[31]

現状分析・評価

日本郵政のPBR

▶ 東証からは、プライム市場の約半数がPBR1倍を下回ることを指摘されているなか、当社は、**過去5年度においてPBR1倍を下回る**ことから、**PBRの改善が必要**。

▶ PBRは理論上、PBR＝ROE／（株主資本コスト−期待成長率）と表すことができる。**PBRの改善には、①ROEの向上、②株主資本コストの抑制、③期待成長率の向上、の3点が必要。**

▶ 期待成長率を「0」と仮定すると、PBRを1倍以上とするには「ROE≧株主資本コスト」となる必要がある。

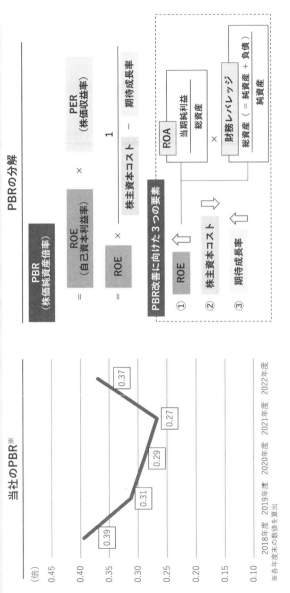

改善に向けた取組み

PBR改善に向けた取組みの方針（全体像）

➢ ROE向上、株主資本コスト抑制、期待成長率向上に取組むことによりPBRの改善を図る。
➢ 具体的な取組みの内容等については、今年度の中期経営計画見直しの中で検討を進め、2024年度に公表することを予定。

ROEの向上

ROA（利益）の向上

［利益の創出］

日本郵便
郵便・物流事業：営業力・体制強化、他企業との連携による荷物等の取扱個数の増加
郵便局窓口事業：営業スキルのアップ等による利用額拡大、
不動産事業：グループ保有不動産等の立地特性に応じた開発を推進
オンラインサービスやリモートサービスの拡充によるお客さま利便性の向上

ゆうちょ銀行
マーケットビジネス：リスク性資産の拡大、円金利ポートフォリオの再構築
リテールビジネス：既存事業の収支改善、アプリの活用等による新たな収益機会の獲得
Σビジネス：ゆうちょ銀行らしいGP業務の展開

かんぽ生命
営業：販売網の連携強化、営業人材の育成、商品ラインナップの充実
資産運用：資産運用の深化・高度化による運用収益の拡大
新たな収益確保：他社との提携を通じた新たな収益確保策の創出

財務レバレッジのコントロール

［財務戦略・資本政策］
・資金調達コストの抑制を企図した、成長投資における負債の活用
・機動的な自己株式取得による資本効率の向上

株主資本コストの抑制

［安定的な株価形成］
・安定的な配当
・事業リスクの低減や適切なコントロール

［IR活動・情報開示］
・エクイティストーリーの発信強化

期待成長率の向上

［成長戦略］
・中期経営計画で掲げる「共創プラットフォーム」の実現に向けた成長戦略の策定や、それに寄与する
新たなビジネスか分野でのシーズ発掘

第2章

企業価値向上に欠かせない
ESG・サステナビリティ課題への対応

Questions

- なぜESGやサステナビリティ対応が重要なの？
- なぜESG情報の開示が進められているの？
- ESGやサステナビリティに関する取り組みは企業価値を高めるの？
- ESG・サステナビリティ経営って何をすれば良いの？

概　要

　前章では，資本コスト経営という財務面で求められる取り組みを見てきました。次は，非財務です。

　ESG要素[32]を重視する機関投資家が増える中で，機関投資家の投資対象となるには，ESGやサステナビリティ（非財務）に関する情報開示の充実が欠かせない状況になっており，各社ESG・サステナビリティ対応に力を入れ始めています。

　他方で，ESGやサステナビリティに関する取り組みは企業価値との関係が見えづらいこともあり，ESG投資家の評価を得ることだけが目的となってしまっていたり，あるいは単なる世間へのアピールで終わってしまっているように見受けられるケースも少なくありません。

　本章では，ESGやサステナビリティに関する取り組みを有意義なものにするために理解しておくべき前提知識や実務上の留意点を，ESG要素のうち，特に対応が難しい「S」（Social）の要素に焦点を当てて見ていきます。

---

[32] 環境（Environment），社会（Society），ガバナンス（Governance）の3つの要素。

1　ESG・サステナビリティ経営の波と現状の問題点

⑴　押し寄せるESG・サステナビリティ経営の波

　ESGやサステナビリティに関する取り組みを重視するグローバルな潮流の中で，日本の上場企業にもESG・サステナビリティ経営の波が押し寄せて来ています。

　コーポレートガバナンス・コードの2021年改訂では，経営戦略の開示に当たって，自社のサステナビリティについての取り組みを適切に開示することを求める原則（補充原則3－1③前段）や自社のサステナビリティを巡る取り組みに関する基本方針を策定することを求める原則（補充原則4－2②）が新設され，プライム上場企業に関しては，気候変動に係るリスク及び収益機会が自社の事業活動や収益等に与える影響について，国際的に確立された開示の枠組みであるTCFD（気候関連財務情報開示タスクフォース）またはそれと同等の枠組みに基づく開示の質と量の充実が新たに求められるようになりました（補充原則3－1③後段）。

　また，改正開示府令の施行により，令和5年3月31日以後に終了する事業年度に係る有価証券報告書から，「サステナビリティに関する考え方及び取組」の記載欄が新設されるなど，サステナビリティに関する情報開示の充実を求める流れが加速しています。

　世界的にESG・サステナビリティ経営の要請が強まる中で，日本においてもESGを重視する機関投資家が増えてきています。2019年に行われた調査では，国内外の主な運用機関の約98％がESG情報を投資判断やエンゲージメントに活用していると回答しており[33]，今やESG・サステナビリティ対応は，機関投資家からの投資を呼び込むために欠かせない取り組みの1つとなっています。

---

[33]　経済産業省 産業技術環境局 環境経済室「ESG投資に関する運用機関向けアンケート調査」（令和元年12月）4頁。

(2)　ESG評価と企業価値の関係

　上場企業，とりわけプライム上場企業にとって，機関投資家から多くの投資を受けることは重要なことであり，ESGやサステナビリティに関する取り組みを推進し，情報開示を充実させていくことは，上場を維持していくうえで欠かせない取り組みではありますが，ESG・サステナビリティ対応には留意すべきことがあります。それは，高いESG評価を得たとしても企業価値が高まるとは限らないということです。世の中の流れからすれば，ESG・サステナビリティ対応と企業価値との間には強い関連性があり，ESG・サステナビリティ対応は企業価値向上に向けた一丁目一番地であるかのような印象を受けるかもしれませんが，ESG・サステナビリティ課題に取り組むことで企業価値が高まるという因果関係の存在が明らかにされているわけではありません。経済産業省の資料の中にも「ESGスコアと企業価値との間に，高い関連性があるとの実証的証拠は得られていない」と記載されています[34]。

　ESG評価を上げて機関投資家による投資を多く呼び込むことで，一旦は株価が上がり，投資家の信認を得ることで，より一層ESG経営を推進していくことができるようになるわけですが，そうした取り組みが企業価値の向上（キャッシュの創出）に結び付かなければ，結局は，投資家の理解が得られず，経営の継続が困難になります。

(3)　仏ダノン社の事例

　こうした問題が浮き彫りになった著名な事例として，ESG経営を推進してきたCEOが業績不振を理由に解任されたという**仏ダノン社の事例**があります。仏ダノン社は，投資家の賛同を得て，定款変更により，健康の改善や地球資源の保護など，利益以外の目標も合わせて掲げる「使命を果たす会社」へと移行し，ESGを推進したものの，業績が同業他社を下回り続けたことで，CEOが

34　経済産業省「サステナブルな企業価値創造に向けた対話の実質化検討会中間取りまとめ〜サステナビリティ・トランスフォーメーション（SX）の実現に向けて〜」（2020年8月28日）55頁。

退任に追い込まれるという事態になりました[35]。ESGの推進は社会的に望ましいことであり，投資家もESGの推進自体を否定しているわけではありませんが，株式会社である以上，業績を向上させていくことは最低限の要請であり，ESG一辺倒では株式会社の経営は成り立ちません[36]。

ROEやPBRの向上を求める投資家に良い顔をするために増配や自社株買いを行う一方で，ESGを重視する投資家に良い顔をするために残りの手元資金が企業価値向上に繋がっているのかよくわからないESGの取り組みに使われてしまうと，結局のところキャッシュを生み出す力は高まらず，中長期的な企業価値の向上は望めません。ESG評価を獲得することだけが目的となってしまい，肝心の企業価値向上という目的を見失うことのないように注意が必要です。

2　ESG要素と企業価値の関連性を明らかにする試み

ESG・サステナビリティ対応は，定量的な評価が難しく，一つひとつの取り組みが企業価値向上に繋がっているのかを客観的に判断することは容易なことではありません。これまで，多くの上場企業において，ESG・サステナビリティ対応に本腰が入れられてこなかった背景には，ESG・サステナビリティ対応が企業価値（経済的価値）の向上に寄与することを目に見える形で判断することができないという事情があったように思われます。

(1)　実例─エーザイとアサヒグループHDのケース─

こうした状況の中で，近時，ESG・サステナビリティ対応を目に見える形で企業価値に結び付ける取り組みが見られるようになってきました。

エーザイでは，独自に行った実証研究によってESGと企業価値との関係性を

---

[35]　仏ダノン社の事例については「「公益重視型」会社が問うもの」旬刊商事法務2296号（2022）66頁を参照。
[36]　伊藤レポート3.0にも「収益や企業価値との関連性を見失い，ステークホルダーに対する利益一辺倒に陥ると，日本企業の長期的な価値向上や経営変革に向けた取組がさらに遅れてしまいかねないことには十分に注意する必要がある。」と記載されています（伊藤レポート3.0・6頁）。

明らかにし，ESGのKPIと企業価値との関連性を定量化する取り組みを行っています。たとえば，「人件費投入を1割増やすと5年後のPBRが13.8%向上する」，「女性管理職比率を1割改善（例：8%から8.8%）すると7年後のPBRが2.4%上がる」など，人的資本経営やダイバーシティに関する取り組みを進めることでPBRの改善という財務的にポジティブな結果が得られたとの研究結果が公表されています。

【図表2－11】 エーザイによるESGと企業価値の実証研究[37]

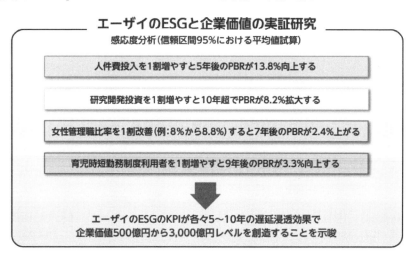

アサヒグループHDでは，サステナビリティの施策がどのような事業・社会インパクトを生み出し，どのように企業価値向上へとつながっていくのか，価値連鎖の全体像を把握するための「価値関連図」の作成と検証を行い，公表しています（図表2－12）。

ESGに関する一つひとつの取り組みがPBRの向上といった財務的にポジティブなインパクトをもたらすものであることが明らかになれば，ESG対応は，ESG評価を上げるためだけの取り組みではなく，企業価値向上に向けた意味の

37　エーザイ株式会社「統合報告書2020」55頁。

ある取り組みとなり，投資家も企業価値向上に結び付く取り組みとしてESG対応を評価することが可能になると考えられます。

⑵　実証研究や各社の取り組みを参照する際の留意点

　ESG要素と企業価値の関係を定量化する取り組みは，ESG・サステナビリティ対応を意味のある取り組みとしていくうえで重要な試みではありますが，各種の取り組みが本当に企業価値の向上に結び付いているのかについては，少し冷静に見ていく必要があります。

　定量化を図ることで，各種のESG・サステナビリティ対応と経済的価値としての企業価値との関係が可視化されるのは良いことですが，その関係が理論的な根拠に基づくものでなければ単なる数字遊びになってしまい，企業では企業価値の向上に繋がらない取り組みに多くの時間や予算が費やされ，投資家は正しい投資判断を行うことができなくなってしまいます。たとえば，女性取締役の割合とROEの間に有意な正の関係を示すデータなども存在しますが，そうしたデータを参照するときは，それが単なる相関関係を示すものなのか，因果関係が証明されたものなのかを理解したうえで参照する必要があるでしょう。また，信頼できる分析手法が用いられているかどうかという点も重要になります[38]。

　ESGやサステナビリティ対応と企業価値との関係については，様々な実証研究が出されており，未だ見解の一致は見ていませんので，異なる結果を示すデータも参照して比較検討するべきでしょう。特定のデータのみを鵜呑みにすることのないように注意が必要です[39]。

---

[38]　アサヒグループHDは，隣接する価値同士の相関関係を単回帰分析で検証する価値関連性分析の手法と，各施策を測る複数の指標と企業価値（PBR）との直接的な相関関係について，重回帰分析で検証する俯瞰型分析する手法を採用し，最後にこの2つの分析結果について，定性的にも信頼できる内容であるかという視点で確認を行っているとしており（アサヒグループHD・後掲注（40）），価値関連図の中では，繋がりが実証された道筋を実線で，実証されなかった道筋を点線で示しています（図表2-12参照）。

[39]　こうした問題意識を示すものとして，松中学「【商事法務を考えるヒント05】なぜ実証研究を参照する必要があるのか—Renée B. Adams, Women on Boards: The Superheroes of Tomorrow？を読んで—」旬刊商事法務2328号（2023）19-23頁。

[40]　アサヒグループホールディングス株式会社「アサヒグループサステナビリティレポート」（2023年6月）16頁。

【図表2-12】　アサヒグループHDの価値関連図（一部抜粋）[40]

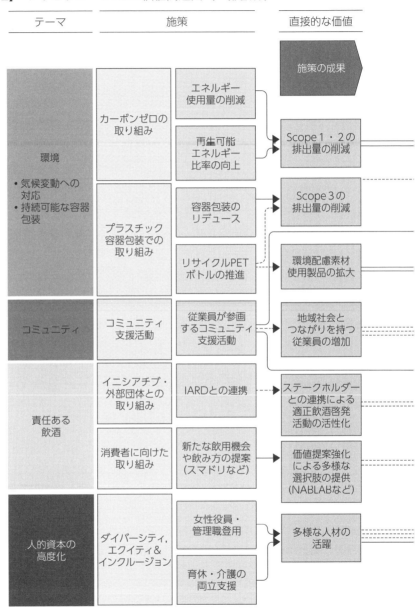

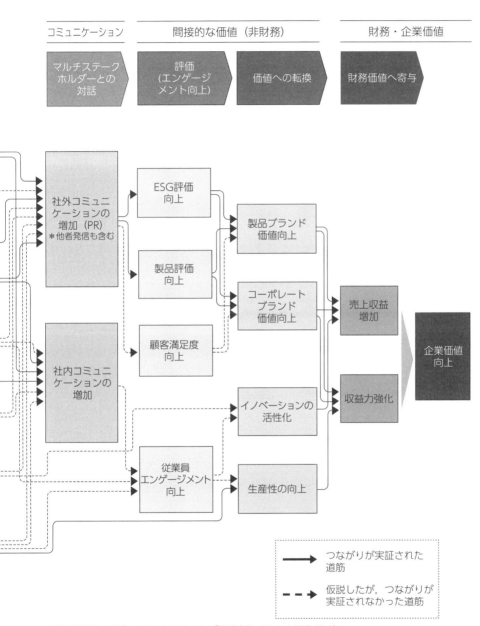

※分析実行：アビームコンサルティング株式会社, Digital ESG Platform
　IARD：責任ある飲酒国際同盟
　NABLAB：ノンアルコールビール及び低アルコールビール

⑶　財務の改革がサステナビリティの基盤

　企業価値を向上させていくためには，収益力や資本効率を意識した経営が行われることが不可欠であり，財務に関するテコ入れができていない状態でESG対応だけを加速したとしても，企業価値の向上は期待できません。事業の価値を高めてキャッシュフローを増やし，株主に対して，期待を上回るリターンを創出することは，企業が持続的に成長をし，中長期的に企業価値を高めていくための大前提であり，サステナビリティは，こうした基盤の上に成り立つものであると理解しておかなければなりません。

　真にESG・サステナビリティ対応に本腰を入れている企業の多くは，ESG・サステナビリティ対応だけでなく，資本コストを踏まえた経営計画の策定や事業ポートフォリオの見直しなどの企業価値向上に向けた基盤作りにも力を入れており，こうした基盤の上に，ESG・サステナビリティに関する取り組みを充実させることで企業価値を高めています。ESG先進企業の取り組みを参考にする際は，ESG以外の要素も含めた全体としての取り組みを評価する視点を持つことが重要です。

　日本では，資本効率を意識した経営が普及し始めている中で，世間の関心がESG・サステナビリティ対応にシフトしてきているというのが現在の状況ですが，ESG一辺倒では，企業価値は高まらず，サステナブルな経営にならないというのは，先に見た仏ダノン社の事例が示すとおりです。大手グローバル企業を中心に，ESGやサステナビリティに関して様々な取り組みが行われ，関連するサービスなども普及してきていますが，それらの取り組みやサービスが自社の企業価値向上に資するものであるかは冷静に見ていく必要があるでしょう。

3　ESG・サステナビリティ課題に取り組む意義と留意点

　ここまで，ESGやサステナビリティに関して少しネガティブな話をしてきましたが，ESGやサステナビリティに関する取り組みの重要性を否定しているわけではありません。商品やサービスの提供を通じた顧客やユーザーへの価値創造，従業員満足度の向上，取引先との良好な関係の継続，環境への配慮といっ

た要素は，中長期的に企業価値を高めていくうえで欠かせない要素であり，ESGやサステナビリティに関する取り組みも，それが自社の企業価値を向上させていくうえで必要なものである限り，対応を充実させていくことが求められます。

　ESG・サステナビリティ課題は，事業に影響を及ぼし得るリスク（不確実性）であり，企業価値を高めていくためには，これを適切にマネジメントしていくことが重要です。すなわち，ESGやサステナビリティ課題は，企業収益と損失の双方に影響を与え得るリスクであり，収益の確保，損失の回避・低減いずれの観点からもESG・サステナビリティ課題に取り組むことには重要な意義があります。多くの機関投資家が，ESG要素を投資判断やエンゲージメントに活用しているのも，ESG要素が企業の収益や損失に影響を与えるリスクであると認識しているからです。

　以下，企業価値向上に向けたESG・サステナビリティに関する取り組みを進めていく実質的な意義と実務上の留意点について，⑴企業収益に影響を与えるリスクへの対応，⑵企業損失に影響を与えるリスクへの対応，いずれの観点からも重要になる⑶人的資本経営，の３つの観点から少し詳しく見ていきましょう。

⑴　企業収益に影響を与えるリスクへの対応

　ビジネスを成功させ，中長期的に企業価値を高めていくためには，売れる商品・サービスを開発・提供していかなければなりませんが，何が売れる商品・サービスなのかといえば，それは顧客のニーズに適った商品・サービスです。企業価値やら資本コストやら，少し難しい話をしてきましたが，結局のところ，ビジネスとして成功するためには，顧客のニーズに適った売れる商品・サービスを提供していかなければならないわけです。

　では，「顧客のニーズに適った売れる商品・サービス」とは何でしょうか。これをESG・サステナビリティ風に表現すると，それは，「自社の重要なステークホルダーである顧客が抱える課題の解決に繋がる商品・サービス」と表現することができます。サステナビリティ目標として，「事業を通じた社会的課題の解決」という目標を掲げる企業が多く見られますが，社会的な課題とい

うのは，直接ないし間接的に世の中の誰かが抱える課題であるということができるため，「事業を通じた社会的課題の解決」≒「顧客への価値創造（を通じた社会的課題の解決）」と理解することができます。たとえば，環境負荷の少ない商品やサービスを提供することは，CO_2削減目標を達成したいという法人顧客や，エシカル消費を好む個人顧客への価値創造となり，これらの顧客に対する価値創造を通じて自社の社会的価値を高めるとともに，経済的価値である企業価値を高めていくことができるというわけです。

　言われてみれば当たり前の話をしているだけのように思われるかもしれません。確かに，顧客のニーズに適う商品やサービスを提供するというのはこれまでも行われてきたことであり，これ自体は目新しいものではありません。ただし，変わってきている部分もあります。温暖化，気候変動，自然災害，強制労働，児童労働，人口減少，少子高齢化，健康問題，待機児童問題，プライバシー・情報漏洩問題など，様々な社会的な課題が浮き彫りになる中で，続々と新たな顧客ニーズが生まれてきており，事業機会・収益機会を確保するうえで，自社のビジネスに関連する社会的な要請を的確かつタイムリーに捉える必要性が高まってきています。事業機会・収益機会を逃さず捉えるためには，世の中の変化や次々と生まれる社会的課題に目を向け続けることが重要です。

　世の中の変化や今後生まれる社会的課題を踏まえた結果，ビジネスモデルを大きく転換する必要が出てくるということもあるかもしれません。たとえば，株式会社丸井グループでは，小売主導の労働集約型ビジネスモデルから脱却をして，フィンテック×小売×未来投資を軸とした知識創造型企業への転換を図っており，これに合わせて人的資本をはじめとする無形資産への投資を加速しています[41]。

⑵　企業損失に影響を与えるリスクへの対応

　顧客のニーズに適った商品やサービスの開発・提供が，積極的に価値を高めていく攻めの面であるとすると，次は守りの面です。ステークホルダーは，収益機会を提供してくれる存在であると同時に，損失を及ぼし得るリスク要因に

---

[41]　株式会社丸井グループ「協創経営レポート2023」13頁。

もなります。ステークホルダーの利益を守らなかったり，あるいはステークホルダーの利益への配慮が欠けたりすることで，法令違反や法的紛争，レピュテーションへのダメージなどの事態が発生すれば，企業価値が大きく毀損されてしまうおそれがあるからです。とりわけ，昨今では，人権や環境に対する人々の意識が高まりを見せており，たとえ顧客のニーズに適った商品であっても，それが児童労働や強制労働の結果として実現されたものであれば，たとえ自社に法令違反がなかったとしても，たちまち炎上案件に発展し，顧客離れや株価の下落といった事態が生じるおそれがあります。

■リクナビ事案から得られた教訓

　ステークホルダーリスクが問題となった事案の一例として，就活サイトを運営するリクルートキャリア社が，就活生の内定辞退率を算出して，応募先企業に提供していたことが問題とされたリクナビ事案（2019年）を見てみましょう。

　リクナビ事案では，就活生に対して，真実かどうか判然としない内定辞退率を応募先企業に把握されるという看過しがたい不利益を与えてしまったことが大きな問題となり，炎上案件に発展しました。リクルートキャリア社は，「就活生の同意を得ずに内定辞退率がクライアント企業に提供されていた」，「個人情報の利用目的の特定が不十分であった」などの理由で，個人情報保護委員会や東京労働局から行政指導や勧告を受け，内定辞退率を受け取っていたクライアント企業も行政指導を受けることになりました。また，リクナビ事案の後に行われた個人情報保護法の改正では，個人関連情報に関する第三者提供規制[42]や不適正利用の禁止[43]など，リクナビ事案を意識した改正内容が盛り込まれ，リクナビ事案は，個人データの利用に関する規制強化のきっかけにもなりました。

　学生に内定を辞退されてしまうと，それまで採用活動にかけたコストや時間が無駄になってしまうため，採用企業側には，効率的な採用活動を行うために内定辞退率を把握したいというニーズが存在し，そこには大きなビジネスチャンスがあったわけですが，もう一方の重要なステークホルダーである就活生に

42　個人情報保護法31条。
43　個人情報保護法19条。

対して生じ得る不利益にも目を向けて，双方の利益に配慮したサービスの設計がなされなかったことで炎上案件に発展してしまった，リクナビ事案をESG・サステナビリティ風に表現するとこのような説明になるでしょう。当局からの指導や勧告は，リクルートグループのレピュテーションにダメージを与え，リクルートHDの株価が大きく下落するなど，この時，リクルートグループのビジネスに大きな悪影響が生じました。

　また，個人情報保護法の規制強化がビジネスに与えた影響も見逃せません。規制が強化されれば，個人情報・個人データを利活用可能な範囲や方法が変わることになるため，提供可能なサービスの幅が制限されることになります。そして，その影響は一時的なものではなく，将来的に残り続けます。リクナビ事案は，個人情報・プライバシー保護の文脈のみならず，コーポレートガバナンスやリスクマネジメントの文脈においても重要な教訓が得られる事案であったといえます。

■自主規範・自主ルールの作成

　企業損失に影響を与えるリスクを低減していくためには，どのような取り組みを進めていけばよいのでしょうか。

　労働関連法や環境法，下請法など，自社のビジネスに適用のある法令遵守がステークホルダーの利益保護に向けた対応の基本になることは第1部第3章5で説明したとおりですが，急速な時代の変化に法令の整備が追い付かない状況の中では，「法令遵守≒必要十分なステークホルダーの利益への配慮」という関係はおよそ成り立ちません。とりわけ，日本では，海外と異なり，人権や環境などのステークホルダー利益の保護に向けた取り組みについては，ソフトロー中心のルール形成が進められていることもあり[44]，保護されるべき多くの利益が法令による保護を受けられていないのが実態です[45]。また，SDGsやエシ

44　海外では英国の現代奴隷法を皮切りに，人権デューデリジェンスの義務化を図る法令が整備されてきていますが，日本では2022年9月にようやく「責任あるサプライチェーン等における人権尊重のためのガイドライン」が公表されたという状況であり，未だハードローの制定には至っていません。

45　個人情報保護委員会も，個人情報保護法は必要最小限度の規律であることから，プラスアルファの自主的な取り組みが必要であるとの認識を示しています（個人情報保護委員会「個人情報保護のための民間の自主的取組の促進について」〔令和3年9月14日〕2頁）。

カル消費の普及・浸透に見られるように，人々の倫理意識が高まっており，法令を守るだけでなく，「社会的・倫理的に正しい」という水準を守ることが求められるようになってきています。

　こうした中で，企業の損失に影響を与えるリスクを適切にコントロールしていくためには，法令のみならず，国や自治体，自主規制団体が策定している各種の指針やガイドラインにも目を向ける必要がありますし，海外の法規制や企業価値に悪影響を及ぼし得るような紛争案件などにも目を向け，リスクを先読みしながら，対応を進めていくことが重要になります。先ほど取り上げたリクナビ事案で問題となった内定辞退率を算出するサービスについても，当時，日本の個人情報保護法下では，適法に実施することが可能なサービスでしたが，EUの一般データ保護規則（GDPR）下では，およそ適法に実施する余地のないサービスであり，個人情報保護に関するグローバルなトレンドを踏まえたうえでサービスの設計がなされていれば，炎上案件に発展するのを回避できたと考えられます。

　ステークホルダーにかかわる法令違反や炎上事案を起こさないためには，ステークホルダーの利益は個別の法令で適切に守られているという前提に立って法令適合性のみを検討するのではなく，社会的・倫理的に正しいかどうかという基準で，自社のビジネスを通じてどのようなステークホルダーにどのような影響が生じるかを検証する作業が不可欠であり，こうした対応を全社的に浸透させるためには，行動準則を策定し，その実効性の確保に向けて，ガイドラインの整備や社内研修を実施するなどの対応が必要になります[46]。たとえば，個人情報の取り扱いについては，多くの企業で，プライバシーポリシーが各社の最上位規範という位置付けになっていますが，「個人情報・個人データ」には該当しない"パーソナルデータ"[47]も含めた個人に関するデータを全社的に適切に取り扱うために，その取り扱いに関する基本的な考え方を定めた指針をプライバシーポリシーよりも上位の規範として位置付ける企業も見られます（図表２−13）。

---

[46]　CGコード原則２−２（会社の行動準則の策定・実践）参照。

【図表2－13】　プライバシー・ポリシー体系図（NTTドコモ）[48]

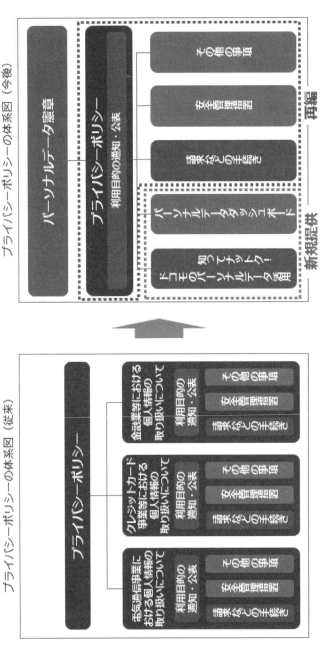

参考 NTTドコモ パーソナルデータ憲章―イノベーション創出に向けた行動原則
　　―（行動原則のみ抜粋）

▌ お客さまとのコミュニケーションを大切にし，透明性を確保します

・パーソナルデータをどのように取得・利用しているのかをお客さまにご理解いただけ
　るように，透明性を確保します。
・パーソナルデータの取得・利用にあたっては，平易な表現，要約，映像などを用いた
　わかりやすい説明を通じてお客さまにご理解いただけるよう取組みます。
・お客さまが感じられた不安，疑問を解消し，ご安心いただくためのコミュニケーショ
　ンの充実に努めます。

▌ お客さまの利益や社会への貢献を考えます

・パーソナルデータの利用を通じて，お客さまや社会に新たな価値を提供します。
・パーソナルデータの利用に際しては，お客さまの利益になるか，社会への貢献につな
　がるかを意識し，お客さまの信頼を損なうような利用は行いません。
・パーソナルデータの取得・利用は，お客さまのお気持ちに配慮し，適切かつ適法な方
　法により実施します。

▌ お客さま一人ひとりの意思を尊重します

・パーソナルデータの利用に対する感じ方は，お客さまによっても異なることを踏まえ，
　利用するパーソナルデータの性質や利用態様などに応じて，パーソナルデータの利用
　についてお客さまご自身により選択いただける手段（オプトアウト手段など）を提供
　します。
・選択手段は，簡便かつわかりやすいものとなるよう努めます。

47　NTTドコモでは，プライバシーに配慮して取り扱うべき情報を，個人情報保護法に定
　め る個人情報に限定すべきではないとの考えのもとに，個人情報だけでなく，機器やブラ
　ウザのIDなどによって識別できる個人に関する全てのデータも含めて「パーソナルデータ」
　と位置付け，自社で策定する行動原則の適用対象にしています（NTTドコモwebサイト
　「パーソナルデータ憲章―イノベーション創出に向けた行動原則―」最終アクセス2024年
　3月18日）。
48　NTTドコモウェブサイトより引用（https://www.docomo.ne.jp/info/notice/pages/1908
　27_00.html）最終アクセス2023年5月11日。

▌パートナーとの連携にあたってもお客さまのプライバシーに配慮します

- ・お客さまや社会に新たな価値を提供するためのパートナーとの連携によるオープンイノベーションの取組みなどにおいて，パーソナルデータやこれを匿名化・統計化した情報をパートナーに提供する場合，法令を順守するだけでなく，お客さまのプライバシーにも配慮します。
- ・パートナーへの情報の提供にあたっては，提供する情報の性質などに応じて，提供先の信頼性を確認する，提供先による情報の利用・提供を制限するなど，適切な方法により実施します。

▌適切なセキュリティ対策により，お客さまのパーソナルデータを保護します

- ・お客さまの大切な情報を，漏えいや盗難，改ざんなどの事故を防止するために適切な組織的・人的・物理的・技術的手段を用いて保護します。
- ・定期的に情報セキュリティに関する評価を実施し，セキュリティリスクの軽減策を講じます。

▌お客さまのプライバシー保護のための体制を整備し，運用します

- ・プライバシー・バイ・デザインの思想をもとに，新たな商品やサービスを開発する際には，お客さまのプライバシーに配慮して開発します。
- ・プライバシーへの配慮を徹底するため，お客さまのパーソナルデータを取扱う者に対する社内での研修など教育・啓発および情報共有を継続して実施します。
- ・プライバシーへの影響を評価する専門的な諮問機関を社内に設置するなど，パーソナルデータの利用に伴うお客さまのプライバシーへの影響を評価する仕組みを整備し，運用します。

　また，ビジネスへのAIの活用が広がりを見せる一方で，AIの活用に関するルール形成が遅れを取っている中で，AIを全社的に適切に活用するための基本となる指針を定める企業も現れ始めています。

| 参考 | リクルートAI活用指針[49]

「リクルートAI活用指針」は，株式会社リクルートおよびその子会社（以下「当社グループ」という）が，AIを活用するにあたり，実現したいことや取り組みの指針を示すものです。

序章
私たちは，当社グループの基本理念にある「一人ひとりが輝く豊かな世界の実現」に向け，就職，転職，いろいろな働き方の支援，結婚，住まい探しといった人生の大きな決断から，旅行や買い物，食事などの日々の楽しみまで，さまざまなサービスを通じて「まだ，ここにない，出会い。」をお届けしています。

いつでもどこでも情報を得られるようになった今だからこそ，「まだ，ここにない，出会い。」を，桁違いに速く，驚くほどシンプルに，もっと身近にしていくために，AIを活用していきたいと考えています。

一方で，AIの活用には，社会に負の影響をもたらす懸念が存在し，さまざまな議論が継続的に行われていることを認識しています。私たちは，ユーザーの機会拡大や社会の発展に向け，以下に定める指針のもと，AIを活用していきます。

第1条　ユーザーの機会拡大や社会の発展に繋がるAIの活用
　私たちは，基本理念として，「新しい価値の創造を通じ，社会からの期待に応え，一人ひとりが輝く豊かな世界の実現を目指す」ことを掲げています。ユーザーの利便性の向上，機会や可能性の拡大，そして社会の健全な発展のためにAIを活用します。

第2条　公平性・公正性の追求
公平性・公正性は，明確で統一された定義やゴールを定めることが難しく，不断に追求するものであると認識しています。私たちは，AIの活用においても，人権侵害，不当な差別の助長または多様性の排除などの問題に，真摯に取り組み続けます。

第3条　プライバシー保護とセキュリティ強化
私たちは，AIの活用において，法令遵守はもちろん，保護すべき情報の特性に応じて，プライバシー保護とセキュリティ強化をすすめます。特にパーソナルデータに関しては，別途定める「パーソナルデータ指針」に則ります。

49　株式会社リクルートのプライバシーセンターから引用（https://www.recruit.co.jp/privacy/ai_policy/）最終アクセス2023年7月29日。

第4条 アカウンタビリティの向上

私たちは，AIによる判断の根拠について，ユーザーから高い透明性が期待される一方で，技術的制約上，すべてを詳述することの難しさを認識しています。ユーザーにとって不利益に繋がらないように，人が適切にAIの活用目的や手法を考え，AIによる判断の結果を考察し，ユーザーに対し，理解しやすい説明や適切な情報提供を実施します。

第5条 ステークホルダーや有識者との対話

私たちは，ユーザーから寄せられた声や，多様なステークホルダー，有識者などの第三者との対話を通じ，日々変化する社会からの期待に真摯に向き合っていきます。

本指針のアップデート方針

AIの活用については，技術そのものや取り巻く社会環境も急速に変化していきます。私たちは，適切なガバナンスに取り組みながら，ステークホルダーや有識者などの第三者との対話を通じ，不断に学び，必要に応じて，本指針をアップデートしてまいります。

※上記指針に則った具体的な取り組みについては，「AIガバナンスの取り組み」[50]を参照ください。

発行日
2023年7月21日

　自主ルールの作成については，各社のウェブサイトを見ると，「人権指針」や「環境指針」，「サステナビリティ方針」などが公表されていますが，問題は，それらの指針の実効性をどのようにして確保するかです。指針で掲げられた方針に従って申し訳程度にいくつかの対応を行って統合報告書で公表するという作業を繰り返しているだけではほとんど意味がありませんので，基本指針を策定するのであれば，その実効性を確保するための具体的な取り組みを進めなければなりません。

　たとえば，「リクルートAI活用指針」の場合，指針に則った具体的な取り組みとして，サービスの企画・設計段階からリリースまでのそれぞれの段階において，各種観点での検討が抜け漏れなく実施される仕組み（「標準プロセスレ

50　株式会社リクルートHP掲載の「AIガバナンスの取り組み」を参照（https://www.recruit.co.jp/privacy/ai_policy/ai_governance/）最終アクセス2023年7月29日。

ビュー」）や，サービスがリリースされた後において，人権侵害，差別の助長，
多様性の排除が，実際のアルゴリズムやサービスにおいて生じていないかを検
査する「フェアネスモニタリング」，これらの取り組みを実施するためのガバ
ナンス体制の構築といった取り組みが行われており，参考になります[50]。

　ソフトローや海外の法制などを踏まえた自主規範・自主ルール作りを進めて
いく際には，コンサルタントや外部専門家の活用が有用であり，実際に多くの
企業が外部専門家を活用していますが，自社ないし自社グループの実態に即し
たワークする自主規範・自主ルールを導入するためには，外部専門家からの助
言を参考にしつつ，社内事情を踏まえた調整作業を行うことが欠かせません。
外部専門家への丸投げでは，高いお金を払って立派なルールを作っても，自社
の実態に即しておらず，現場でワークしないということにもなりかねませんの
で，内部で主体的な検討を行うことが重要です。

■リスク管理部門の強化

　自主規範・自主ルールを策定し，社内に浸透させていくうえでは，法務・コ
ンプライアンス部門やリスクマネジメント部門をはじめとするリスク管理部門
が重要な役割を担いますが，残念ながら多くの上場企業において，これらの部
門は，コスト部門であると認識されてしまっており，プライム市場に上場して
いる企業においても，法務・コンプライアンス対応については，わずか数名で
対応しているという企業も少なくありません。こうした状況では，日々の契約
書チェックや法令適合性チェックに忙殺されてしまい，ソフトローや海外の法
令，時事問題等にも目を向けながらコンプライアンスリスクやオペレーショナ
ルリスクを適切に管理していくことはおよそ不可能でしょう。

　法務・コンプライアンス部門が充実している企業においても，対応が充実し
ているのは法令適合性チェックまでであり，社会受容性の観点からの検討につ
いては十分な検討が行われていない企業も少なくないように思われます。法令
適合性を超えた社会受容性の観点からのリスク検討については，役員や関連す
る部門長らで構成されるリスクマネジメント委員会などの組織で検討が行われ
ているケースも多く見受けられますが，みんなで集まって話し合えばよいとい
うわけではありません。論点を整理して説明をし，議論をリードできる部門や
人材がいなければ充実した検討を行うことはできませんので，充実した検討が

行われるか否かは，議題に上がっているリスクの主管部門の責任者や担当者の知見とリーダーシップにかかっていると言ってもよいでしょう。リスクマネジメント対応を統括する部門や組織を作ることも重要ですが，各リスク管理部門を強化する作業も欠かせません。

■部門間連携の強化

　部門間の協力体制を強化する作業も重要です。企業を取り巻くリスクの内容が複雑化・多様化している昨今の状況に鑑みると，様々なリスクに適切に対処していくためには，関連する部門間で必要な知見を補いつつ，ビジネス上のインパクトも勘案をしながら対応に当たる作業が不可欠でしょう。先ほど見たパーソナルデータの取り扱いに関する基本指針やこれに基づくガイドラインの策定に関して言えば，個人情報保護・プライバシー保護の観点からの検討が必要である一方，昨今のビジネスにおけるパーソナルデータの重要性を考えると，その取り扱いを制限することになれば，競争力が大きく阻害されることになりかねないため，炎上案件の発生等による損失の発生リスクと収益機会の確保のバランスの中で線引きをする作業が必要であり，これを実践するためには，法務・コンプライアンス，情報セキュリティ，DX推進部門等が連携をしつつ，経営陣の理解を得ながらプロジェクトを進めることが求められます。

　プライバシー保護組織のように，必要な人材を集めた専門部署や組織を作ることも有用ですが[51]，大がかりな作業が必要になりますので，対応に多くのリソースを割くことのできない企業では，関連する部門間で連携を図りながら対応するというのが現実的な選択肢になると思われます。その場合，権限と責任の所在をどうするか，どの部門が予算を負担するのか，作業分担はどうするのかなど，様々な課題が出てきますので，各部門長と経営陣のリーダーシップが問われます。

【コラム③●プライバシーガバナンス】────────────────

　テクノロジーが急速に発展している中で，パーソナルデータ（個人情報やその他の個人に関するデータ）の活用の幅が広がるとともに，その活用方法が複雑化・多様化

51　総務省・経済産業省「DX時代における企業のプライバシーガバナンスガイドブック ver1.3」（2023年4月）24頁。

しています。たとえば，あるユーザーに対して効果的な広告を打ちたい場合，その
ユーザーから直接自身の興味や関心を聞き出さなくても，過去の購買履歴や閲覧履歴，
居住地域，性別，年齢，あるいは職業等をもとにそれらの情報を推知することが可能
であり，こうしたプロファイリング（パーソナルデータとアルゴリズムを用いて，特
定個人の趣味嗜好，能力，信用力，知性，振舞いなどを分析又は予測すること）と呼
ばれる技術が様々なビジネスで広く活用されています。また，採用活動の際に，業務
の効率化や判断の客観性を確保する目的で，履歴書の審査や面接にAIを使ったサービ
スを活用する企業も増えてきています。

　テクノロジーとパーソナルデータを組み合わせることで，ユーザーのニーズに応え
る質の高いサービスの提供や社内業務の改善などを図ることが期待できる一方で，本
人が予測できない方法で，本人に関する様々なデータが一方的に活用され，本人が知
らないところで不利益な取り扱いを受けてしまうなど，アナログ時代には想定されな
かった問題が生じるようになってきています。

　個人情報の取り扱いに関して，個人を保護する中核となるのは，個人情報保護法で
すが，欧州をはじめ，各国で制定されている個人データ保護法と比べると日本の個人
情報保護法は脆弱な法令です。欧州の個人データ規則（GDPR）をはじめ，各国の個
人データ保護法には，個人の人権保護を直接の目的とするものが多くありますが，日
本の個人情報保護法は，個人情報を取り扱う事業者に対して最低限守るべき規制をか
ける取締法規という側面が強く，デジタル時代において守るべき個人の権利や利益を
定義し，それを正面から保護する内容の法令にはなっていません。「不適正利用の禁
止」など，個人情報の利用方法に関する規制も一部入ってはきましたが，基本的には，
プライバシーポリシーで（抽象的な）利用目的を記載しておけば個人情報は自由に使
えてしまいますし，配慮個人情報の取得や個人データの第三者提供など，リスクが高
い一定類型の利用については，本人同意の取得が要求されますが，実務上，本人同意
の取得は，形式的なもので足りる運用になってしまっています。

　個人情報保護法をはじめとするハードローの改正を通じたルール形成も進められて
はいますが，デジタル時代の個人データ保護に向けた抜本的な改正は行われず，コー
ポレートガバナンスの分野と同様に，ソフトローを通じて自主的な取り組みを促す方
法が取られています。中核となるのは，総務省・経済産業省から出されている『DX
時代における企業のプライバシーガバナンスガイドブック』です。2020年8月に
ver1.0が公表されてから改訂を繰り返し，2023年4月にver1.3が公表されています。
紙面の関係上，内容の詳細な説明は割愛しますが，プライバシーガバナンスの実現の
ためには，経営者が，①プライバシーガバナンスに係る姿勢の明文化，②プライバ
シー保護責任者の指名，③プライバシーへの取り組みに対するリソース投入を行うべ
きであるとしています。また，実務レベルでプライバシーリスクマネジメント（リス
クの特定，分析・評価，対応）を進めるための様々な方策や取り組み事例が紹介され

ているほか，海外法令を含めた情報収集の必要性や部門横断での取り組みの重要性が強調されています。プライバシーガバナンス体制を構築・運用していくために有益な内容が掲載されていますので，関連する部門に所属している方は一読してみてください。

　プライバシー問題というと，情報セキュリティと漏洩問題に焦点が当たりがちですが，問題はそれだけではありません。パーソナルデータの収集，利用，提供という一連の過程に，データの提供者やその他の個人に対して不当な差別をはじめとする人権侵害や看過しがたい不利益を与えることがないかという点も重要な問題となります。2021年に一般財団法人日本情報経済社会推進協会が行った調査では，内容的に似た複数の商品・サービスから一つを選ぶ場合において，その商品・サービスがプライバシーに影響を及ぼす可能性がある場合，回答した消費者の約6割が提供企業の「プライバシーへの取組」を考慮するとしており，「やや考慮する」も合わせるとその数値は9割近くにも上ります。近時，統合報告書の「マテリアリティ」や有価証券報告書の「事業等のリスク」の中でプライバシー問題を提示する企業も増えてきており，プライバシー保護に向けた取り組みは，炎上案件の発生を回避するとともに，収益機会を確保するうえでも欠かせない取り組みとして認識されていることが窺われます。

　プライバシーガバナンスの実現に向けた取り組みが進められているのは，資金に余裕のある一部の大企業が中心で，中小型上場企業やIPO準備企業にまで十分に取り組みが広がっていませんが，できるところからで良いので，少しずつでも取り組みを進めていくことが望まれます。プライバシーが関連するリスクに網羅的に対応しようと思えば，大がかりな調査やシステムの導入が必要になりますが，最初からそこまでの対応を行う必要はありません。重要なのは企業価値に影響を及ぼし得る大きなリスクの芽を摘んでおくことですので，まずはプライバシー問題に関するリテラシーを高めつつ，自社における主要なプライバシーリスクを特定し，それに対処するための社内ルールを整備するところから始めましょう。ルールの整備も，最初から精緻な基準や要件を設ける必要はありません。事例が増えていけば少しずつ重要なポイントが見えてくるはずですので，事例の蓄積とともにルールの精度を高めていけば十分です。

(3)　人的資本経営

　近時，従業員を，中長期的に企業価値を高めていくための重要な資産（人財）として捉える**人的資本経営**の考え方が広がりを見せており，人的資本開示指針や人材版伊藤レポート2.0など，これを後押しするソフトローの整備も進んでいます。また，2023年3月期決算以降の有価証券報告書から，非財務情報

に関する開示項目が拡充され，人的資本関係についても，人材の多様性を示す情報として女性管理職比率，男性育休取得率，男女間賃金の差異を開示するとともに，サステナビリティ情報として人材育成方針と社内環境整備方針に関する指標の内容と当該指標を用いた目標と実績を開示することが求められるようになりました。

　こうした人的資本に関する法令・ガイドラインの整備状況や，大手グローバル企業を中心に見られる人的資本を意識した様々な取り組みを見ると，人材戦略について，何か特別な対応が求められるようになった気になりますが，そんなことはありません。開示義務への対応という点で，新たな対応が求められるようになったのは確かですが，従業員を，中長期的に企業価値を高めていくための重要な資産（人財）として捉え，優秀な人材の確保，人材育成，成果が適正に反映される公平な人事制度の導入，キャリア形成の支援，ハラスメントのない働きやすい職場環境の整備などの対策を進めることは，企業を持続的に成長させ，中長期的に企業価値を高めていくうえで，企業として当然に取り組むべきことです。

■人的資本経営で求められること

　人的資本経営で求められるのは，取締役経営陣が，自社の経営戦略に連動させる形で人材戦略を策定・実行するとともに，それを可視化して投資家に説明することです。

　企業を持続的に成長させ，中長期的に企業価値を高めていくためには，本書第2部でこれまで見てきた内容を踏まえつつ，取締役経営陣が経営戦略・経営計画を策定し，それを実行していくことが求められますが，実務レベルでそれを遂行するのは役員ではなく従業員の人たちです。企業価値の向上が期待できる戦略を描くことができたとしても，それを遂行することのできる人材がいなければ計画は進まず，企業価値は高まりません。たとえば，経営戦略の柱としてデジタル化の推進を掲げるのであれば，これを実行できるDX人材の存在が不可欠になるため，そうした人材を確保する必要が出てくるわけです。また，必要な人材を確保することができたとしても，それらの人材が実力を発揮できる環境が整備できていなければ計画は進みませんので，成果が適正に反映される公平な人事制度の導入やハラスメントのない働きやすい職場環境の整備など

が必要になります。

　人的資本経営を推し進めるためには，まず人材戦略の検討を行う必要がありますが，これは，人事ではなく，経営陣が主導して行うべきものです。経営戦略とのつながりを意識しながら，重要な人材面の課題について，具体的なアクションやKPI（労働生産性やエンゲージメントスコア，女性社員比率，育休取得率など）を考えることが求められます。そして，経営陣にそれらを遂行する動機を持ってもらうためには，取り組みの達成度を業績連動報酬のKPIに組み込む対応も考えられるでしょう。具体的な取り組みや留意点は，**人材版伊藤レポート2.0**に詳しく記載されていますので，そちらを参照するようにしてください。合わせて公表されている**実践事例集**も参考になります。

　人的資本の重要性が高まる中で，多くの投資家が，人材戦略に関する経営者からの説明を期待しており，実体づくりと合わせて，資本市場に向けた人的資本に関する情報開示を充実させることが求められます。人的資本の可視化を進めるに当たって，経営者に期待されるのは，「経営層・中核人材に関する方針，人材育成方針，人的資本に関する社内環境整備方針などについて，自社が直面する重要なリスクと機会，長期的な業績や競争力と関連付けながら，目指すべき姿（目標）やモニタリングすべき指標を検討し，取締役・経営層レベルで密な議論を行った上で，自ら明瞭かつロジカルに説明すること」[52]です。人的資本に関する情報開示については，開示府令により，有価証券報告書での情報開示が求められるようになりましたが，それにとどまらず，統合報告書や中期経営計画の中で経営戦略に連動させる形で情報開示を充実させる対応が望まれます。内閣官房・非財務情報可視化研究会から**人的資本可視化指針**が公表されていますので，人的資本に関する情報開示の詳細については，そちらをご参照ください。

　一点，指摘しておきたいことがあります。人的資本に関する各社の公開情報は必ずしも実態を表しているとは限らないということです。たとえば，統合報告書などで従業員の残業時間の推移が公表されることがありますが，データ上は残業時間が減少しているように見えても，業務量が減らない，あるいは業務

52　人的資本可視化指針3頁参照。

の効率化が進められない中で，残業をさせてもらえない従業員の方々が自宅に資料を持ち帰るなどして何とかやり繰りをしているのが実態というケースも現実には少なくないように思われます。現場の様々な問題が，従業員アンケートの結果や客観的な数値には現れないということもありますので，役員や人事部門の方々には現場の実態を把握するように努めることが求められます。

■喫緊の課題は低賃金で非効率に働いている状況の改善

　2023年12月に公益財団法人日本生産性本部が公表した「労働生産性の国際比較」によると，日本の一人当たり労働生産性は，OECD加盟38か国中31位となっており，1970年以降で最も低い順位となっています。労働時間については減少傾向にありますが，これには，他国と比べて多く存在している非正規労働者や短時間労働者の存在が影響しており，正規労働者の労働時間に限ってみれば世界的に見ても多い水準にあると考えられます。また，実質賃金については，1995年以降，他の先進諸国では20～40％程度の伸びを見せているのに対し，日本の労働者の実質賃金は，1995年から横ばいの状況が続いており[53]，直近では2024年2月まで23か月連続のマイナスで推移しています[54]。賃金は上がっていません。低賃金で非効率に長く働いているのが，日本の労働者の就労実態ということになります。

　人的資本経営として，ダイバーシティや健康経営などを意識した取り組みが進められることが期待されていますが，企業価値を高めていくためには，まずは，低賃金で非効率に長く働いているという状況を改善することが最も重要な課題となるでしょう。

　企業で働いている知人らの多くは，作業のための作業や様々な調整作業に多くの時間を費やさなければならず，生産性のある仕事ができない，力を発揮する場がない，などということを言います。上司が思い付きで指示を出し，その指示にしたがって，多くの時間を費やして作業したものの，結果として意味のない作業で終わったなどというのも，現場では日常茶飯事かもしれません。こうした状況の中で，毎期，目標設定をさせられ，それを達成できたにもかかわ

53　厚生労働省「第2回社会保障審議会年金部会年金財政における経済前提に関する専門委員会　資料3　経済指標の国際比較」3頁。
54　厚生労働省「毎月勤労統計調査　令和6年2月分結果速報」。

らず，事業の収益性が上がらない中で，コスト削減のために部門全体の予算が
削られ，ボーナスも削られるという経験をしている従業員の方々も少なくない
ように思います。

これでは，他社でも通用する優秀な人材は去り，そこでしか生き残れない人
材だけが残るという悪循環が生まれてしまい，労働生産性が低下するのはいわ
ば必然ともいえます。

■経営者・人事・部門長に求められる意識改革

こうした状況を改善するためには，何が必要なのでしょうか。経営者，人事
部門，各部門長に求められることを順に見ていきます。

まずは，**経営者**です。人的資本経営においては，人材を，コストではなく，
企業価値向上に向けて欠かせない資産として捉えることが求められていますが，
人件費の削減をはじめとするコストカットによって低収益事業を維持している
実態があるのだとすると，こうした状況を変えていかない限り，人材はコスト
であり続けることになってしまいます。成長が見込まれない低収益事業を抱え
ていては，人件費や人材戦略に必要な費用を捻出することは難しいわけですか
ら，「コスト削減によって低収益事業を維持する」という発想から，「自社では
成長が見込まれない低収益事業は，より企業価値を高めることのできるベスト
オーナーに売却して高収益事業に集中投資する」という発想への転換を図るこ
とは，人的資本経営の観点からも重要なことといえるでしょう。

また，近時，大量の自社株買いを行う企業が増えてきていますが，事業の収
益性が上がらない中で自社株買いの資金を増やせば，益々人材マネジメントに
活用する資金が不足してしまうでしょう。力のある労働組合が設置されている
企業を除けば，従業員は，投資家のように，経営者を厳しく責めるようなこと
はしないかもしれませんが，人材マネジメントを疎かにすると，やる気のある
優秀な人材は黙って離れていってしまいますので，ある意味で，従業員は投資
家よりも冷徹です。「思考停止の自社株買い」で人材戦略に必要な資金を不必
要に流出させないことは，人的資本経営において経営者が取り組むべき最低限
の要請といえるでしょう。人材戦略の策定と実行を担う責任者であるCHROの
設置や，統合報告書を通じた人的資本に関する開示の充実などの施策を進める
ことも重要なことではありますが，形だけのCHROを設置し，キレイな情報開

示を行うだけでは意味がありません。各部門の責任者や従業員らとの対話等を通じて現場の実態を把握しつつ，リーダーシップを発揮しながら，中身のある人材マネジメント戦略を推し進めることが求められます。

　次は，**人事**です。近時，ジョブ型雇用や，副業解禁，フレックスタイム制などの働き方改革を行う企業が増えてきており，労働関連法制で認められた枠の中で，少しずつ多様な働き方が広がりを見せるようになってきました。しかし，こうした取り組みに本腰を入れている企業の多くは，高い意識を持ち，対応に十分なリソースを割くことのできる大手グローバル企業であり，これらの取り組みは中小型上場企業にまで十分に浸透していません。

　その主たる要因は取締役経営陣によるリーダーシップの不足にあると考えられますが，人事部門にも改善すべき点はあります。人事部門も含め，多くの上場企業におけるバックオフィス部門は，経営と切り離された形で，受動的に事務処理作業を行う場となってしまっており，積極的に価値創造に向けた取り組みを推し進めるような役割が担われてこなかったという実態があります。これでは，いざ人的資本経営を進めましょうということで経営者から号令がかかっても，具体的にどのような取り組みを進めればよいかがわからなかったり，社内でハレーションやトラブルが起きることを恐れて改革を進めることに消極的になってしまうのも無理はありません。人事部門の責任者には，人的資本経営を推進する中核を担う部門であるとの認識をもって，経営やIRなどの他部門と連携を図りながら，能動的な姿勢で人材戦略の立案や遂行を進めていくことが求められます。自部門に十分なリテラシーがない場合は，コンサルタントや弁護士などの外部専門家を活用することも検討するべきでしょう。

　最後は，**部門長**です。経営者が人的資本経営に本気で取り組み，人事部門がこれに応える人事制度改革等を行ったとしても，部門長のマネジメント能力に問題があると，その部門は働きやすい場にはなりません。多くの部門長は，自部門の従業員らが働きやすい環境を作るために必死に頑張っていらっしゃると思いますが，他方で，経営陣や他部門に良い顔をするために，少ない予算を当然のように受け入れ，他部門からの無理な要求にも応え，結果，部下にそのしわ寄せがいくという状況を作り出してしまっているというケースも相当数存在しているのではないでしょうか。こうなってしまえば，優秀な人材は残りませ

んし，従業員の士気も高まりません。逆に，部門長に高いマネジメント能力があれば，①企業価値向上に向けた自部門の価値創造ストーリーを描き，②経営者を説得して必要な予算を確保し，③必要な人材を確保し，④業務効率化を含めて働きやすい環境を整備し，⑤付加価値の高い仕事をして結果を出すこと，を実現でき，企業価値向上に貢献していくことが可能になるでしょう。

　企業価値向上に繋がる人的資本経営を推し進めていくためには，経営，人事，各部門長それぞれの頑張りが必要であり，どこかで目詰まりを起こしてしまうとうまくいきません。経営が十分な予算を割かなければ，現場の対応だけでは十分な効果を上げることは難しいですし，逆に，経営が音頭を取って人的資本経営を推進しようとしたとしても，人事や各部門長がこれに応える働きをしなければ，変わるのは統合報告書の内容だけで，実態は何も変わりません。経営者，人事，部門長がそれぞれの役割を適切に果たすことが求められます。

4　ESG・サステナビリティ対応を企業価値向上に繋げるために

　ESGやサステナビリティに関する取り組みを企業価値の向上に繋げていくためには，経営企画や，法務・コンプライアンス，リスクマネジメント，人事，IRなどの各部門における一連の業務の中に，ESGやサステナビリティに関する要素を組み込んでいかなければなりません。各社の取り組みを見ていると，ESGやサステナビリティに関する取り組みが，各部門における既存の業務とは別の取り組みとして行われているケースが見受けられますが，このような縦割りの対応では，ESGやサステナビリティに関する取り組みを企業価値の向上に繋げることは難しいでしょう。ESGやサステナビリティを専門とする委員会や部署を立ち上げたとしても，ESGやサステナビリティの視点を既存の業務に適切に取り込むことができなければ意味がありません。

　ESGやサステナビリティに関する要素を通常業務に組み込んで価値創造に繋げていくためには，取締役経営陣はもちろんのこと，各部門の責任者の力量も問われます。各部門の責任者が，全社的な企業価値の向上に向けて，自部門においてどのような価値創造を行うべきであるのかを考え，対応を進めていくこ

とが求められます。

【コラム④●価値創造が求められるのは専門家も同じです】───────

　上場企業全体で企業価値を高めていくためには，資本政策，M&A，リスクマネジメント，法務・コンプライアンス，DXなどの様々な分野での専門家のサポートが欠かせません。

　たとえば，M&Aについては，買収対象となる会社や事業の価値を適切に評価するとともに，財務，法務，労務，知財，税務などの観点からのリスクの洗い出しと発覚したリスクへの対応を行うことが重要であり，これらの作業を疎かにしてしまうと，買収後に当初想定したシナジーが得られずに企業価値を毀損してしまう，あるいは後に重大な問題が発覚することで多額の損失を被るということになりかねません。そうなれば，グループ全体の業績・企業価値が低下し，投資家からも厳しい目を向けられることになるでしょう。こうした事態が発生するのを回避するためには，ファイナンシャルアドバイザー（FA）や弁護士，公認会計士などの専門家のサポートが重要になります。

　専門家は企業が正しい方向に向かうことをサポートすべき存在ですが，全ての専門家が企業を正しい方向に導くサポートをしているかというと必ずしもそうとは言えない部分があります。専門家の活動もビジネスですから，儲かるかどうかが重要です。企業活動に関わる専門家は，M&Aや自社株買い，ESG対応などのコーポレートアクションがあってはじめて収入を得ることができるため，企業に何らかのコーポレートアクションを起こしてもらわなければ商売にならないというのが本音のところです。そのため，企業活動に関わる専門家は，その判断が企業価値の向上に適うものかどうかはともかくとして，自身（自社）が提供可能なサービスにかかわるコーポレートアクションを起こしてもらう方向に働きかけるインセンティブを持ちます。

　M&Aや自社株買いなどの事例を見ていると，それが企業価値や株価の向上に資する行為といえるのか，疑問に思ってしまうケースも見受けられますが，こうした事例の背後では，各種の専門家が動き，その対価として企業から報酬を得ています。もちろん，最終的に意思決定をするのは取締役経営陣であり，企業価値の向上に繋がらないコーポレートアクションを起こしたのであるとすれば，その責任を取るべきは取締役経営陣であるということは言うまでもありませんが，そうしたコーポレートアクションを主導したコンサルタントや外部専門家にも責任の一端はあるように思います（法的責任があると言っているわけではありません）。上場企業には，ステークホルダーへの価値創造を通じて中長期的にキャッシュを増やし，企業価値を高めていくことが求められていますが，コンサルタントや外部専門家にも同じことがいえるはずです。企業活動に関わるコンサルタントや外部専門家には，クライアントへの価値創造

の対価として報酬を得るという姿勢で職務に当たることが求められます。

　筆者自身への戒めも込めてこのコラムを書きました。

■

【深掘り文献・論文リスト】

- 鈴木一功『企業価値評価　入門編』(2018, ダイヤモンド社)
- 公益財団法人日本証券アナリスト協会編『企業価値向上のための資本コスト経営：投資家との建設的対話のケーススタディ』(2020, 日本経済新聞出版)
- KPMG FAS　あずさ監査法人編『ROIC経営：稼ぐ力の創造と戦略的対話』(2017, 日本経済新聞出版)
- KPMG FAS　あずさ監査法人編『ROIC経営 実践編 事業ポートフォリオの組換えと企業価値向上』(2022, 日本経済新聞出版)
- 松田千恵子＝神崎清志『事業ポートフォリオマネジメント入門―資本コスト経営の理論と実践』(2022, 中央経済社)
- 柳良平『CFOポリシー〔第3版〕―財務・非財務戦略による価値創造』(2023, 中央経済社)
- 福原あゆみ『基礎からわかる「ビジネスと人権」の法務』(2023, 中央経済社)
- 小林慎太郎ほか『プライバシーガバナンスの教科書』(2022, 中央経済社)
- 旬刊商事法務編集部編『機関投資家に聞く』(2022, 商事法務)
- 浜辺真紀子『「株主との対話」ガイドブック：ターゲティングからESG, 海外投資家対応まで』(2023, 中央経済社)

第**3**部

株主アクティビズムと
会社の買収局面における
問題

第1章

株主アクティビズム

Questions

- アクティビスト株主は何を求めているの？
- アクティビスト株主はどのような戦略をもっているの？
- アクティビスト株主とどのように向き合っていくべきなの？
- 支配権をもつオーナー系上場企業も油断できないのはなぜなの？

概　要

　アクティビスト株主の動きが活発化しており，会社の持続的な成長と中長期的な企業価値の向上を図るうえで，アクティビスト株主とどのように向き合っていくかが上場企業各社にとっての重要な課題となっています。

　アクティビスト株主というと，自己本位な主張で経営者を翻弄し，企業の健全な経営を妨げる存在のように思われがちですが，近時は，企業価値や株主価値の向上に向けた合理的な主張がなされるケースが少なくなく，こうしたアクティビスト株主の提案に賛同する機関投資家も増えてきています。

　他方で，法制度の不備を突きながら，経営陣に揺さぶりをかけてくる事例も見られるようになってきており，アクティビスト株主が依然として警戒すべき存在であるのもまた事実です。

　本章では，株主アクティビズムの現状を概観したうえで，アクティビスト株主との向き合い方と対応に当たっての留意点を見ていきます。

1　株主アクティビズムの現状

(1)　活性化する株主アクティビズム

　2000年代初頭に，村上ファンドやスティール・パートナーズなどのアクティ

ビスト株主が活発に活動していたのは記憶に新しいところですが，伊藤レポートやコーポレートガバナンス・コードが公表されて以降，アクティビスト株主の動きは当時の勢いを凌ぐほどに活発化しています。

　2023年6月株主総会シーズンにおいては，112社・416議案の株主提案がなされましたが（前年は97社・330議案），このうちアクティビストを含む機関投資家による株主提案は61社に上っています[1]。また，コスモエネルギーホールディングスや東洋建設，セブン＆アイ・ホールディングスのケースなど，経営陣とアクティビスト株主の対立が先鋭化した事例が多く見られ，議決権行使助言会社や国内の機関投資家の賛同を得てアクティビスト株主の提案が可決されるケースも増えてきています[2]。

　アクティビスト株主の提案内容に変化が見られるようになってきました。2000年代初頭のアクティビスト株主（いわゆるファーストジェネレーションアクティビスト）による提案は，増配や自社株買いなどの株主還元に関するものが中心でしたが，昨今のアクティビスト株主（いわゆるセカンドジェネレーションアクティビスト）は，株主還元に関する提案のほかに，取締役会の構成などのコーポレートガバナンスに関する提案や，経営戦略に関する提案など，経営に深くかかわる領域に関しても積極的に提案を行うようになっており，2023年6月総会でもこうした提案がなされるケースが多く見られました。

1　大和総研「2023年6月株主総会シーズンの総括と示唆」（2023年9月15日）5-6頁。
2　2023年6月総会では，東洋建設やNCホールディングス（HD）など4社の7議案が株主提案として可決されています（日経新聞電子版「株主提案，4社7議案で可決　報酬開示など支持3割台　6月総会　賛否を読む㊦」）。

【図表3-1】　アクティビスト株主の提案内容[3]

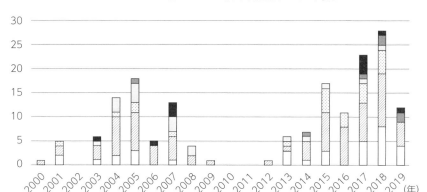

アクティビスト株主による提案内容数とその内容

□取締役会　▨株主還元　▧戦略・資産売却　▭M&A関連　▨買収防衛策廃止　■その他

⑵　アクティビスト株主の戦略

　アクティビスト株主の戦略は，M&Aや，事業や子会社の売却，ペイアウト，業務提携，リストラなどの株式価値に影響を与えるイベントが発生したときに生じる市場価格の変動を投資機会と捉え，当該イベントが市場価格に正確に反映されるまでの間に株式を売買することで収益を狙うというもので，**イベント・ドリブン戦略**と呼ばれます[4]。アクティビスト株主が，取締役経営陣に対して低収益事業の売却や自己株式の取得などのアクションを取ることを求めたのに対し，取締役経営陣がこれに応じる決定をしたことで自身が満足できる水準まで株価が上昇すれば，そこで株式を売却し，要求を拒んだ場合には，これに応じるように執拗に迫ります。

　取締役経営陣にアプローチをかける際には，書簡の送付や面談の申し込みを行うだけでなく，対外的な公表を行うことで圧力をかける手法が取られること

3　吉村一男「アクティビストを考える　アクティビスト株主による提案とその活かし方」（2022年7月13日付けM&A Online投稿記事）。

4　吉村・前掲注（3）。

もあります。自身のホームページにおいて，会社への提案内容や経営陣との対話の状況などを公表し，他の機関投資家に対して同調行動を促しながら経営陣にプレッシャーをかけていき，経営陣が要求に応じない場合は，株主提案が行われる場合もあります。

　アクティビスト株主のターゲットになりやすい企業には，資本効率が悪い（ROEが10％に満たない），株価が割安（PBRが1倍を割れている），キャッシュリッチで負債が少ない，などの特徴が見られます。また，経営に対して影響力を及ぼしやすい時価総額の少ない企業の方がターゲットになりやすい傾向にあります。要するにバリュー株（割安株）の状態にある中小型上場企業がターゲットになりやすいということです。これらの要件に該当する上場企業の多くは，これまで，オーナー株主の持ち分と安定株主を盾にしてアクティビスト株主のターゲットになることを免れてきましたが，政策保有株式を縮減させ，株式流動比率を高める要請が強まる中で，今後益々アクティビスト株主の存在感が高まっていくと予想されます。

(3)　法の網を掻い潜るアクティビスト株主の動き

■ウルフパック戦術

　アクティビスト株主には，取締役経営陣と誠実な対話を行いながら企業価値向上に向けた有益な提案や助言を行う者がいる一方で，法制度の網を掻い潜りながら取締役経営陣を翻弄する動きを見せる者もおり，近時，複数の投資家が，共同協調関係にあることを秘して大量保有報告制度に基づく開示を行うことなく市場内で株式を買い進め，株主総会招集請求・株主提案・委任状勧誘等と併せて経営陣に要求を行う "ウルフパック戦術" と呼ばれる不意打ち的な株式の買い占め行動も見られるようになってきています。

　金融商品取引法上，株式の保有割合が5％超となった者（株式を共同保有する者を含む）は，その日から5営業日以内に大量保有報告書を提出することが求められています[5]。これが提出されることで，取締役経営陣や一般株主は，大

5　また，保有割合が1％以上増減した場合には，5営業日以内に変更報告書を提出することが求められます。

量保有を行っている株主の存在やその動きを把握することが可能となり，買収防衛策の導入も含めてその後の対応を検討することができるようになるわけです[6]。この大量保有報告規制に違反した場合，制度上は，刑事罰や課徴金の制裁が科されることになりますが，実際にこれらの制裁が行われたケースは少なく，大量保有報告書の提出が遅れるケースも稀ではありません。これには，複数の株主が「共同保有者」に当たるのを立証することが容易ではないという事情も影響していると言われています。

　このように，大量保有報告規制の制裁が十分に機能しない中で，大量保有報告書や変更報告書の届出をしない，遅延させる，提出しても保有目的[7]や共同保有者の範囲を正確に報告しないなどの行為が野放しになってしまっていることが大きな問題となっています。

■株主優位な法制度

　日本は，法制度として株主に甘い制度設計になっていると言われます。たとえば，会社が，株主名簿に載らない実質株主（議決権の指図権者）とその持株数を把握する手段についての法的な整備がなされておらず，株主は，自身の存在を隠しながら株式を買い進めることができてしまいます[8]。また，総議決権の3％以上を6か月以上保有すれば臨時株主総会の開催を求めることができてしまうというのも諸外国と比べて株主優位な制度といえます。

　2023年8月に公表された企業買収における行動指針には，株主によるアンフェアな行動を牽制するために，買収提案に関する情報提供と検討時間の確保

6　ウルフパック戦術が取られた中で，買収防衛策を導入・発動したケースとして三ツ星事件があります（本書147頁参照）。

7　支配権の取得が目的であるにもかかわらず，それを秘して純投資目的であると報告する行為。

8　諸外国では，実質株主の透明性を図る制度として，「米国証券取引所の上場株式に係る一任運用資産が1億ドル以上の機関投資家は，四半期ごとに，保有銘柄の名称・株式数・市場価格等を記載した保有明細をSECに提出し，開示しなければならない」（米国），「議決権付株式について実質的利害関係を有している（と信じるに足りる合理的理由がある）者に対して，事実確認のための通知をすることができる。通知を受けた者は，実質的利害関係を有する（有していた）ことを認めるか否か，認める場合には，実質的利害関係を有する者を特定するに足りる情報，保有数等の詳細な情報等を提供しなければならない。」（英国）などの制度が設けられています（第1回 金融審議会公開買付制度・大量保有報告制度等ワーキング・グループ事務局説明資料〔2023年6月5日〕26頁）。

に関して，買収を企図する株主に誠実な対応を求める記載が盛り込まれましたが，ガイドラインである企業買収における行動指針には法的拘束力がないうえ，多くの記載項目の語尾が「〜望ましい」という記載ぶりにとどまっているため，その実効性には疑問も残ります。2023年12月25日に，金融審議会「公開買付制度・大量保有報告制度等ワーキング・グループ」から公開買付制度・大量保有報告制度の見直しに向けた取りまとめが公表され，法改正に向けた検討が進められているところですが，現在の法制度のもとで，取締役経営陣がアンフェアな行動に出るアクティビスト株主と対峙をすることには限界がありますので，一刻も早い法の整備が望まれます。

2　アクティビスト株主との向き合い方・対応に当たっての留意点

⑴　アクティビスト株主の主張の背景にある問題を考えること

　アクティビスト株主の主張内容が，他の投資家からの理解が得られない自己本位な主張であれば，同調する投資家も現れないため，経営陣としては提案を拒絶すれば足りるわけですが，近時のアクティビスト株主による提案は，投資家の目線で見れば，至極真っ当なものであるケースが少なくありません。公表情報をもとに，投資先企業の経営状況や株価が低迷している原因などを詳細に分析したうえで提案が行われるケースも多く，現経営陣よりも詳細な分析ができているというケースもあるかもしれません。

　機関投資家が，スチュワードシップ責任を踏まえた議決権行使をするようになってきている中で，企業価値や株主共同の利益に適う合理的な提案に対しては，アクティビスト株主の提案に賛同するケースも増えてきています。

　アクティビスト株主の要求内容は様々ですが，要求内容の根幹には，「株主に対する受託者責任をきちんと果たせ」というメッセージがあります。たとえば，株主資本コストの開示を求めるために，**取締役に対して株主資本コストの開示を義務付ける定款変更を行うという株主提案**が行われる事例が見られますが，その背景には，株主資本コストを意識した経営が行われてこなかったという実態があります。対話ガイドラインにおいても，自社の事業のリスクなどを

適切に反映した資本コストを的確に把握していることが求められていますが，資本コストの把握ができていない企業はまだまだ少なくありません[9]。必ずしも株主資本コストを開示しなければならないというわけではありませんが[10]，それまで，（株主）資本コストを意識した経営が行われてこなかったのであれば，アクティビスト株主による提案を契機に，資本コストを意識した経営を行うとともに，収益力や資本効率に関する目標と資本コストがどのように関連しているかについて説明するなど，株主が適切な投資判断を行うために必要な情報の開示を進めていく対応が求められます。

　配当性向を100％にせよ，という要求や提案も見られます。当期純利益の全てを配当に回せという提案ですから，取締役経営陣としては受け入れがたい提案であると考えるのが通常であろうかと思います。

　もちろん，こうした要求や提案を受け入れるかどうかは取締役経営陣が判断するべきことであり，反対することもできるわけですが，なぜ配当性向を100％とする要求や提案がなされているのか，その原因についてはしっかりと向き合って検討する必要があります。内部留保（利益剰余金）を必要以上に多く抱えており，これ以上利益剰余金を増やして，自己資本を積み増しても資本効率が悪化（ROEが低下）するだけという状況になっているのであれば，そうした状況は是正されなければなりません。配当性向100％を求める株主の要求や提案の背景には，必要以上に内部留保が蓄えられ，それが成長投資にも使われず，株主に還元もされないという状況があるわけです。

　こうした状況の中で，「財務健全性を確保しつつ，安定配当を行うという当社の株主還元方針に照らすと，配当性向は30％〜40％が適切であると考えます。」などと回答をしても説得力はなく，これでは，他の株主の賛同を得るのは難しいでしょう。高い配当性向を求める株主からの要求や提案に反対をする

9　生保協会アンケート2022・企業様向けアンケート19頁によれば，回答企業の約3割が，詳細な資本コストを算出できていないという結果になっています。

10　東京証券取引所FAQでは，「コーポレートガバナンス・コードの原則5-2では，「自社の資本コストを的確に把握した上で，〜収益力・資本効率等に関する目標を提示」することが求められているが，資本コストの数値自体の開示が求められているわけではない」，との回答がなされています。

のであれば，必要となる手元資金やROEの水準等を踏まえたうえで，説得的な反論をする必要があります。

(2)　投資家の狙いと主張の当否を分析・検討すること

アクティブ運用を行う投資家の中には，投資先の将来キャッシュフローを改善させることで中長期的な企業価値の向上を目指す投資家と，実体的な株主価値と時価総額の乖離に狙いを付けて株価の上昇を狙って取締役経営陣に対して株主還元や事業の売却などを求める投資家が存在するため，投資家から要求や提案を受けた場合には，まず，その投資家の狙いがどこにあるのかを見極める必要があります。

中長期的な企業価値の向上に向けた提案であれば真摯に対応する必要がありますが，短期的な株価の上昇を狙うだけの提案であれば，毅然とした態度で対応に当たるべきでしょう。いずれにしても，まずは，提案の目的と提案内容の合理性・正当性を慎重に見極める必要があり，十分な検討を行うことなく安易に反論をしてしまうと，アクティビスト株主の逆鱗に触れてしまい，ネガティブキャンペーンがより過激なものになるおそれがあります。また，提案の目的と提案内容の合理性・正当性を見極める力がなければ，アクティビスト株主の圧力に負けて必要のない自社株買いや増配に応じてしまうことも懸念されます。

アクティビスト株主による提案・要求内容を分析・評価するためには，これを行うことのできる人材，具体的にはコーポレートファイナンスや資本市場に関する知見をもった人材の存在が不可欠です。ROEやPBRなどの経営指標や資本コストの意味内容すら理解できていないとなると，アクティビスト株主の提案や要求内容の分析・評価はできませんし，そもそも対話が成立せずに終わってしまいますから，こうした対応を行うことのできる人材がいないのであれば，必要な知見をもった人材を獲得することを検討するべきでしょう。ただし，力のあるプロフェッショナル人材の多くは，一事業会社の正社員として働くことを好まないのが実情でしょうから，正社員に拘らずに，非常勤業務委託社員として採用するなどの方法も検討する必要があると思われます。

必要な知見を補うために，外部の専門家やコンサルタントなどを活用することも有益な方法ですが，繰り返しになりますが，外部専門家への丸投げはいけ

ません（コラム④を参照）。外部専門家の言っていることが理解できなければうまく使いこなせないからです。外部専門家を活用するにしても，内部で主体的な検討・判断ができるように，社内研修の実施や人材の確保を通じて内部人材の強化を図ることが不可欠でしょう。

⑶　油断できないオーナー系上場企業

　会社支配権を有しているオーナー系上場企業の経営者や実務担当者の方々は，アクティビスト株主に関するここまでの話について，高みの見物をしていたかもしれませんが，オーナー系上場企業も決して油断はできません。オーナー系上場企業にもアクティビスト株主のターゲットとなっている企業は存在しますし，実際にアクティビスト株主に入られたことで様々な弊害が生じているケースもあります。

　法的な不利益としては，拒否権の発動が挙げられます。アクティビスト株主に3分の1以上の議決権を握られてしまうと，総議決権の3分の2以上の賛成が必要となる株主総会特別決議事項（定款変更や大規模な組織再編行為など）については，アクティビスト株主の賛同が得られない限り実行することができなくなってしまいます。

　レピュテーションリスクもあります。分析された企業のネガティブ情報が洗いざらい公表されてしまえば，レピュテーションに悪影響が生じるおそれがあります。就活生や転職希望者が，応募を検討していた企業について，アクティビスト株主が公表したネガティブ情報を見たらどう思うでしょうか。優秀な人材を確保することは，株式を上場することの一つの重要な意義ですが，これでは上場していることが逆効果になってしまいます。

　ネガティブ情報を目にすることで，会社で働いている社員の中には会社の将来に不安を感じる者や経営陣に対して不信感を抱く者が出てくるかもしれませんし，アクティビスト株主対応を担う担当者にかかる負担も見逃せません。日常業務をこなしながら，アクティビスト株主対応を行うことは心身ともに負担が大きく，状況が落ち着くまでの間，寝覚めの悪い日々を過ごすことを余儀なくされることでしょう。こうした状況が続けば退職したくなる者も出てくるかもしれません。

　このように，オーナー系の上場企業であっても，アクティビスト株主に入られてしまうと，様々なところで支障が生じることになります。こうした事態を避けるためには，アクティビスト株主のターゲットにならないように，平時から，企業価値を向上させ，それを株価に反映させていくことが重要になります。

3　セブン＆アイHDとアクティビスト株主の 委任状争奪戦を考える

　2023年5月に開かれたセブン＆アイHDの定時株主総会において，米国投資ファンドのバリューアクト・キャピタル・マネジメントから現社長ら取締役の退任と，それに代わる新たな取締役の選任を求める株主提案がなされ，委任状争奪戦に発展しました。結果は，現経営陣に軍配が上がりましたが，議決権行使助言会社であるISSとグラスルイスが会社提案に反対を推奨したことなどが影響し，代表取締役社長の取締役選任議案の賛成比率は，前年の94.73％から76.36％に大幅に低下しました。

　この委任状争奪戦の背景にはどのような問題があったのでしょうか。セブン＆アイHDの連結業績は好調で，2023年2月期は過去最高益を記録しており，これだけ見れば，セブン＆アイHDの取締役はその役割を果たしており，敢えて交代させる必要はないように思えます。グループ全体としての売上や利益を重視するPL経営の発想で見れば，セブン＆アイHDの経営状態に問題はなく，来年，再来年と売上や利益を伸ばしていけばよいということになるのでしょう。

　しかし，投下した資本がどのぐらい効率的にキャッシュを生み出しているかという資本効率を重視するBS経営の発想で見るとどうでしょうか。セブン＆アイHDはコンビニ事業（セブンイレブン）のほかにも，スーパー事業（イトーヨーカ堂）や百貨店事業（そごう・西武）など多くの事業を展開してきました。これらの事業のうち，コンビニ事業（国内）については，ROICが20％前後で推移しており，高い資本収益性がある一方で，スーパー事業や百貨店事業については，ROICが5％にも満たず，2023年度における両事業のROICは，いずれも会社が設定する連結WACCを下回る水準となっています[11]。この数字だけを見れば，コンビニ事業はセブン＆アイHDの企業価値を高めている事業

であり，スーパー事業と百貨店事業は企業価値を毀損している事業ということになります。

　こうした状況の中で，投資家から資本効率の向上に向けた事業の選択と集中を求められ，セブン＆アイHDの取締役会は，百貨店事業（そごう・西武）を米フォートレス・インベストメント・グループに売却することを決定しました。しかし，売却後，池袋西武の不動産は，ヨドバシカメラホールディングスに売却されることとされていることを受け，これでは，百貨店事業の存続と雇用の継続が図られないとして，元従業員と労働組合が，米フォートレス・インベストメント・グループへのそごう・西武の株式売却について，差し止めを求める仮処分の申し立てを行い，法廷闘争に発展することになりました。百貨店事業（そごう・西武）の存在により，いわゆるコングロマリットディスカウント（本書79頁参照）が生じている状況であったため，これを売却するという判断は，セブン＆アイグループの企業価値を高めるための合理的な判断といえますが，ヨドバシカメラホールディングスへの不動産の売却を考えている米フォートレス・インベストメント・グループが百貨店事業（そごう・西武）の売却先として適切であったかというのは議論のあるところだと思います。いずれにしても，事業部門の切り離しを行えば，従業員をはじめとする一部のステークホルダーに不利益が生じる可能性があり，また，実質的な不利益は生じなかったとしても，雇用や取引関係の継続に関して不安を覚える者が出てくることになるため，可能な限り，従業員をはじめとする株主以外のステークホルダーの利益に配慮しつつ，丁寧な説明を行う対応が求められます。

　もう一つの低収益部門であるスーパー事業（イトーヨーカ堂）の取り扱いについては，現取締役経営陣とバリューアクトの間で意見の隔たりが埋まりませんでした。現取締役経営陣は，スーパー事業（イトーヨーカ堂）が，セブン＆アイグループが企業価値を高めていくために欠かせない存在であるとして，グループ内に留めたうえで再建を図る道を選択し，これを前提とする中期経営計画を策定・公表しましたが，バリューアクトは，スーパー事業（イトーヨーカ堂）の切り離しを求め続け，現取締役経営陣との対立が激化し，取締役の交代

11　本書75頁，図表2−3参照。

を求める株主提案が行われるという事態に至りました。

　スーパー事業と百貨店事業の取り扱いを巡ってセブン＆アイグループがアクティビスト株主に翻弄され，経営に混乱が生じてしまったわけですが，セブン＆アイHDの取締役経営陣に対するバリューアクトの要求は，必ずしも自身の短期的な利益の追求だけを求めたものではありません。そうであれば，ISSやグラスルイスも株主提案に賛成推奨をすることはないでしょう。低収益部門であるスーパー事業と百貨店事業を切り離し，より多くの資本を高収益部門であるコンビニ事業に集中投資することを求めることは，本書の第2部第1章で確認した内容に沿うもので，企業価値向上という観点からは決して不合理な要求とはいえません。

　セブン＆アイHDの案件にかかわらず，経営改革を求めるアクティブな投資家の多くは，株を取得してすぐに取締役の退任を求めるわけではありません。まずは，取締役経営陣との対話を通じて事業ポートフォリオの見直しなどの経営改革に関する提案や助言を行い，現在の取締役経営陣によって企業価値の向上に向けた合理的な経営が行われるかを見極めるところから始めます。見極めのポイントとなるのは，（中期）経営計画です。企業価値の向上が期待できる（中期）経営計画が策定され，それが計画どおりに遂行されていれば，通常は，取締役の交代を求める株主提案を行うことはしません。取締役の交代を求める株主提案がなされるのは，対話を通じて様々な提案や助言を行ったにもかかわらず，売上と利益ばかりを重視するPL経営から脱却できずにコングロマリットディスカウントの解消に向けた道筋が示されない，使途のない大量の内部留保の使い道が示されないなど，仮に計画どおりに経営が行われたとしても企業価値の向上が期待できない（中期）経営計画が公表されるケースや，ROEやPBRの改善に向けた目標値を示し，目標達成に向けた経営改革を進めていくと言いながら，一向に効果的な取り組みが進められないようなケースです。

　これまでは，取締役経営陣の味方である安定株主の力を借りる形で，アクティビスト株主やその他の機関投資家の提案や要求をかわすことができたかもしれませんが，政策保有株式の縮減が進められる中で，今後は，アクティビスト株主や機関投資家の提案や要求を正面から受け止め，抜本的な経営改革を進めることが不可避となっていくでしょう。創業家や取引先との関係など，現実

には様々なしがらみがあり，正論を推し進めていくことは容易なことではない
かもしれませんが，大変であるがゆえに高い報酬をもらえるのが取締役です。
アクティビスト株主の提案の中には，企業価値向上に向けた経営改革を進めて
いくうえでの有益な助言が含まれていることもありますので，取締役経営陣に
は，そうした助言を有効活用しながら，企業価値向上に向けた経営計画を策定
し，それを着実に遂行していくことが求められます。

第2章

会社の買収局面における問題

| Questions |

- 買収防衛って何が問題なの？
- 買収防衛策について裁判所はどのような判断をしているの？
- 買収提案を受けた場合にはどのように対応するべきなの？
- MBOや支配株主による従属会社の買収事案って何が問題なの？
- MBO等を実施する際には取締役にはどのような義務が課されるの？
- MBO等を実施する際にはどのような対応を行うべきなの？
- 守るべき利益は何？　企業価値？　株主利益？　従業員利益？

| 概　要 |

　株主アクティビズムが活性化する中で，会社の買収を巡る取締役経営陣と投資家の紛争が増加しています。買収防衛策の発動の差し止めを求める係争案件が増えているほか，取締役経営陣が自社を買収するマネジメントバイアウト（MBO）のケースでは，買収に際して行われた株式価値評価が不適切であるとして，株主からの賛同が得られずにMBOが頓挫するケースも多く見られるようになってきています。

　また，2023年8月に企業買収における行動指針が公表されるなど，企業買収の局面におけるベストプラクティスの内容にも変化が見られます。

　本章では，会社の買収局面の中でも特に問題となることの多い，「同意なき買収提案と買収防衛」と「MBO・支配株主による従属会社の買収」の2つのトピックに焦点を当て，問題の背景や実務上の留意点を見ていきます。

1　同意なき買収提案と買収防衛

⑴　同意なき買収提案と買収防衛策の現状

　政策保有株式の減少などを背景に，経営陣や取締役会の同意を得ずに行われるM&A（いわゆる「**同意なき買収提案**」）が増加しています。アクティビスト株主による同意なき買収提案事例だけでなく，伊藤忠商事によるデサントの買収や，コロワイドによる大戸屋ホールディングスの買収，ニデックによるTAKISAWAの買収，第一生命によるベネフィット・ワンの買収など，事業会社による同意なき買収提案事例も多く見られるようになってきています。

【図表３－２】　経営陣の賛同を得ずに行われるM&Aの件数[12]

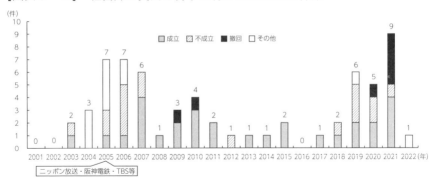

（注１）　レコフデータベースにおいて，経営陣の賛同を得ずに，経営権の支配を目的として株式を買い付ける取引を集計しているもの（敵対的M&A）。
（注２）　なお，REIT，インフラ投資法人を対象とする案件が計３件（2022年：１件，2021年：１件，2019年：１件）含まれる。
（注３）　「その他」にはTOB期間中や意見表明等を公式には出さずに立ち消えになった案件が含まれる。年は公表日ベース。2022年は2022年１月１日～2022年９月30日までの件数を記載。
（出所）　レコフデータを基にして経済産業省が作成。

12　経済産業省「公正な買収の在り方に関する研究会　第１回事務局説明資料」（2022年11月18日）９頁。

【図表 3-3】 近年の「同意なき買収」の事例[13]

対象会社	買収提案者	公表時期	形態
ソレキア	佐々木ベジ	2017年2月	資本参加 (TOB)
ぺんてる	コクヨ	2018年3月	資本参加 (TOB)
サンヨーホームズ	日本アジアグループ	2018年4月	資本参加 (TOB)
ジャクシード	BMI Hospitality Services（香港法人）	2019年1月	資本参加 (TOB)
デサント	BSインベストメント（伊藤忠商事の完全子会社）	2019年1月	出資拡大 (TOB)
廣済堂	南青山不動産	2019年3月	買収 (TOB)
ユニゾホールディングス	エイチ・アイ・エス	2019年7月	出資拡大 (TOB)
東芝機械（芝浦機械）	シティインデックスイレブンス	2020年1月	出資拡大 (TOB)
前田道路	前田総合インフラ（前田建設工業の完全子会社）	2020年1月	買収 (TOB)
澤田ホールディングス	ウブロン投資事業有限責任組合（META Capital）	2020年2月	買収 (TOB)
大戸屋ホールディングス	コロワイド	2020年7月	買収 (TOB)
京阪神ビルディング	サンシャイン6号投資事業組合（ストラテジックキャピタル、UGSアセットマネジメント）	2020年11月	出資拡大 (TOB)
日本アジアグループ	シティインデックスイレブンス	2021年1月	買収 (TOB＋スクイーズアウト)
東京製綱	日本製鉄	2021年1月	出資拡大 (TOB)
日邦産業	フリージア・マクロス	2021年1月	出資拡大 (TOB)
サンケン電気	エフィッシモキャピタルマネジメント	2021年2月	出資拡大 (TOB)
富士興産	アスリード・キャピタル	2021年4月	買収 (TOB＋スクイーズアウト)
東京機械製作所	アジア開発キャピタル	2021年7月	資本参加 (TOB)
新生銀行	SBIホールディングス	2021年9月	買収 (TOB)
シダックス	オイシックス・ラ・大地	2022年6月	資本参加 (TOB)

（備考）　事業会社が買収提案を行った事案を濃い網掛けで記載。
（出所）　レコフデータベースに基づき、経営陣の賛同を得ずに、経営権の支配を目的として株式を買い付ける取引（ただし、REIT、インフラ投資法人、インフラ投資法人等を対象とする案件等を除く）を集計。集計対象期間は2017年1月1日〜2022年8月31日までであり、最終的に買収等の取引が完結しなかった案件も含む。

　同意なき買収提案が増加する一方で，買収防衛策（企業買収における行動指針では「買収への対応方針」と表記されています）については廃止の流れが続いています。ライブドアによる同意なき買収提案に対して買収防衛策が発動されたことで法的紛争に発展したニッポン放送事件などが話題となった2000年代初頭以降，いわゆる事前警告型[14]と呼ばれる買収防衛策が実務上普及していましたが，機関投資家からの賛同を得にくいことや，コーポレートガバナンス・コードの導入などの影響もあり，2012年時点において上場企業全体で19.4％あった買収防衛策の導入企業の割合は，2022年7月時点では7％（264件）にまで減少しています（図表3－4）[15]。米国でも，事前警告型のモデルとなったライツ・プラン（ポイズンピル）を導入している企業の数が激減しており[16]，日本でも，買収防衛策の廃止の流れが続くことが予想されます[17]。

CGコード原則1－5（いわゆる買収防衛策）

　買収防衛の効果をもたらすことを企図してとられる方策は，経営陣・取締役会の保身を目的とするものであってはならない。その導入・運用については，取締役会・監査役は，株主に対する受託者責任を全うする観点から，その必要性・合理性をしっかりと検討し，適正な手続を確保するとともに，株主に十分な説明を行うべきである。

13　経済産業省・前掲注（12）10頁。
14　買収を企図する者に対し，買収後の事業計画を含む一定の情報提供を行うこと，および会社の取締役会が当該提案を検討し，必要に応じて代替案を株主に対して提示するための期間（60日ないし90日が一般的）を確保するように求め，仮に買収者がそうした手続を履践せずに買収を試みたときは，差別的な内容の新株予約権無償割当て等の対抗措置を将来発動する可能性がある旨及びその場合の手順について事前に定め，プレスリリース等で公表するという手法（田中・738頁参照）。
15　東証白書2023・181頁。
16　2004年にはS&P500構成企業の53％が導入していましたが，2014年には6％，2019年には1％にまで減少しています（経済産業省・前掲注（12）18頁）。
17　ISSの議決権行使助言基準では，買収防衛策の導入・更新について，従来は，取締役会に占める独立社外取締役の割合が3分の1以上であれば原則反対推奨とはならない扱いでしたが，2024年版では，この割合が過半数に変更され，原則反対推奨を免れる要件が厳格化されています。

【図表3－4】　買収防衛策の導入状況

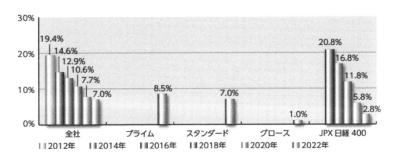

図表 133　買収防衛策の導入状況（市場区分別）

(2)　買収防衛策が正当化される理由―強圧性の問題―

　買収防衛策は，コーポレートガバナンス・コードの原則1－5に記載されているように，忠実義務に反して経営陣・取締役会の保身を図るために用いられる危険性があることは確かですが，本来の目的は，企業価値や株主共同の利益を守ることにあり，買収防衛策≒取締役経営陣の保身のための道具というわけではありません。有事に備えて買収を企図する者が現れる前から導入しておく平時導入型の買収防衛策については否定的な立場を取っている機関投資家や議決権行使助言会社も，買収を企図する者の存在が発覚した後に導入する有事導入型の買収防衛策に対しては，個別に判断するという立場を取っており，導入に賛成を表明するケースもあります[18]。

　同意なき買収提案に対して，買収防衛策を導入・発動することが正当化される根拠は，株主に対して生じる「**強圧性**」の問題にあると言われています。この強圧性には，①買収手法が一般株主に売り急ぎを強いるような「**構造的強圧性**」と，②企業価値を過小評価した買収提案であることに気づかずに買収提案に応じてしまう「**実質的強圧性**」が存在し[19]，同意なき買収提案がなされる局面では，これらの強圧性の問題への対処が重要な課題になります。

18　たとえば，有事導入型の買収防衛策が導入・発動された東京機械製作所事件（後掲注(29)）では，ISSやグラスルイスは，買収防衛策に基づく対抗措置の発動の承認議案に賛成推奨を行っています。

　構造的強圧性は，株主が買収提案に応じないでいる間に買収が実現すると，買収に応じた場合と比較して不利益を被ると予想される場合には，その買付価格は本来的な株式価値より低いと考えている場合であっても，買収提案に応じざるを得ないという圧力を受けるという問題です。

　たとえば，買収を企図する者により，買付数に上限を設定する部分公開買付けが行われる場合，公開買付けが成立した場合に予定されているキャッシュアウト[20]の取得価格が公開買付価格と同額だという保証がなかったとすると，公開買付けに応募しなければ低廉な価格で締め出されてしまうリスクがあるため，理論上，公開買付価格に不満があっても公開買付けに応募せざるを得ないという心理的な圧迫が生じることになると考えられます。また，市場内で買付けが進められる場合には，公開買付けのように，案分比例方式により買付けが行われるのではなく，先に市場で売り注文を出した株主から早い者勝ちで株式の買付けが行われるため，株主に対して，より強度の心理的圧迫を与えるとの指摘がなされています。

　一方の，**実質的強圧性**の問題は，企業価値を過小評価した買収提案であるにもかかわらず，株主が情報の不足・誤信によって買収に応じてしまうという問題です。買収によって将来的に企業価値の向上が期待できるとしても，買収価格が対象会社の企業価値を過小評価したものである場合には，買収価格が低廉な価格となり，株主共同の利益が害されることになってしまいます。

　2つの強圧性の問題のうち，実質的強圧性の問題については，構造的強圧性の問題との異同を明確にするために，強圧性という用語を用いるのではなく，「誤信のおそれ」など，ダイレクトに問題の本質を表す用語を用いるべきとの指摘がなされており[21]，企業買収における行動指針では，強圧性という用語を，構造的強圧性を指す概念として用いています[22]が，重要なのは，問題の本質を

19　カーティス・ミルハウプト＝宍戸善一「東京機械製作所事件が提起した問題と新J-Pillの提案」旬刊商事法務2298号（2022）4-20頁，吉村一男「M＆A法制を考える　買収防衛策の適法性を巡る議論（上）」（2022年10月4日付けM＆A Online投稿記事）参照。

20　買収者が対象会社の発行する株式全部を株主の個別の同意を得ることなく，金銭を対価として取得する行為。

21　田中亘委員発言「公正な買収の在り方に関する研究会　第3回　議事要旨」19頁。

理解することですので，差し当たり，同意なき買収提案には，①強圧的な買収手法が取られることで株主が不本意にも買収提案に応じてしまうという問題と，②情報の不足・誤信によって企業価値を毀損するような買収提案や企業価値を過小評価した買収提案に応じてしまう問題があると理解しておけばよいでしょう。ただし，後に見る東京機械製作所事件について，株主が買収の成立による株価の下落を見込んで安値で売り急いだという現象は確認されなかった，との実証研究もあり[23]，心理的圧迫によって安く売り急がされるという現象が買収防衛策の導入・発動を正当化する脅威といえるかについては今後検討の余地があるでしょう[24]。

　企業価値や株主共同の利益を守ると言いつつ，自らの役員としての地位を守る目的で買収防衛策を導入・発動することはあってはならないことですが，これらの強圧性が問題となるようなケースでは，買収提案の是非を判断するために必要な情報や検討のための期間を確保するために買収防衛策という武器が必要になる場合があるのは確かでしょう。

(3)　買収防衛策に関する裁判所の判断枠組みと近時の事例

　買収防衛策については，一般に，差別的な内容の新株予約権無償割当てが用いられます。これは，買収を企図する者を除く一般株主のみが新株予約権を行使して株式を取得できるようにすることで，買収を企図する者の持分割合を低下させるというものです。差別的な内容の新株予約権を用いることで，買収を企図する者の持ち分を希釈化させることができますが，こうした手法については，買収を企図する株主を差別的に取り扱う点が，株主平等原則違反や不公正発行などの新株予約権発行差止事由[25]に該当しないかが問題となり，これまで

---

[22]　企業買収における行動指針別紙 2 ：強圧性に関する検討（40頁以下）参照。裁判所は，同意なき買収提案がなされる際に，この 2 つの問題が生じうることは認めつつも，「強圧性」という用語については，構造的強圧性を指す概念として捉えているように思われます。

[23]　鈴木一功「TOBと市場買付けの「強圧性」に関する考察〜東京機械製作所の買収防衛策を題材に〜」MARR327号（2021）。

[24]　構造的強圧性の前提となっている理論モデルに対して懐疑的な見方を示す見解として，梅本剛正「敵対的買収における強圧性について」証研レポート　第1736号（2023）69頁（脚注15）。

に多くの係争事案が発生しています。

　この点に関し，リーディングケースであるブルドックソース事件最高裁決定[26]では，①会社の企業価値がき損され，会社の利益ひいては株主の共同の利益が害されると株主が判断した場合には（**必要性**），買収を企図する株主を差別的に取り扱ったとしても，②当該取扱いが衡平の理念に反し，相当性を欠くものでない限り（**相当性**），差止め事由に該当しない，という趣旨の判断が示され，この基本的な判断基準はその後の裁判例でも踏襲されています。

　2021年から22年にかけて，有事導入型の買収防衛事案に関し，数多くの司法判断が示されました。まずは，**富士興産事件**[27]です。「投資ファンドから経営陣の同意なきTOBが行われたのに対し，取締役会が，差別的な内容の新株予約権無償割当てを対抗措置とする買収防衛策の導入・発動を決議し，その後，株主の意思確認総会において過半数（66％）の承認を得た」という事案で，裁判所は対抗措置の発動を認めて差し止めの仮処分を却下しました。富士興産事件では，「投資ファンドから，TOB価格と完全非公開化に向けたその後のキャッシュアウト価格を同額とする旨の意向が表明されていたものの，公開買付予定数の下限が，キャッシュアウトが事実上可能なレベルに設定されていなかったことからすると，キャッシュアウトが成立せずに少数株主として取り残されるという事態を恐れて公開買付に応募せざるを得ない場合が想定される」との理由で強圧性の存在が認定されています。

　他方で，株主総会による意思確認が行われずに，取締役会のみの判断で買収防衛策が導入・発動された**日本アジアグループ事件**[28]では，差し止めの仮処分が認められており，ブルドックソース事件最高裁決定で示された株主の判断を重視する姿勢が踏襲されていることが窺えます。

　市場内で買付けが進められた**東京機械製作所事件**[29]では，株主総会による意思確認が行われ，結果，差し止めの仮処分は却下されましたが，通常の株主総

25　株主平等原則違反（会社第247条第1号，第109条第1項）及び不公正発行（同条第2号）。
26　最決平成19年8月7日民集61巻5号2215頁。
27　東京高決令和3年8月10日金融・商事判例1630号16頁。
28　東京高決令和3年4月23日資料版商事法務446号154頁。
29　最決令和3年11月18日資料版商事法務453号94頁。

会ではなく，買収を企図する者を除いた少数株主のみによる意思確認総会（マジョリティオブマイノリティ〔MOM〕）が行われた点に特色があります。同事件では，市場内において短期間に大量の買付けが行われた点をもって強圧性の存在が認定されています。

　三ツ星事件[30]は，ウルフパック戦術による買い占めが進められたケースで[31]，株主による意思確認総会（54％が賛成）は行われましたが，買収を企図する者らが大規模買付行為等を撤回することで対抗措置が発動されるのを回避する方法が当初から明確にされていなかったことや，その後に明らかにされた撤回方法も，事前承認のない第三者への株式譲渡の禁止が含まれるなど，一般株主において適切な判断を下すための情報と時間を確保するという目的を大きく逸脱して買収者の株主権を広範に制限するものであること，差別的な内容の新株予約権の交付対象となる非適格者の範囲が広く，経営陣による恣意的な認定がなされるおそれがあることなどの理由から，相当性を欠くとして差し止めの仮処分を認める判断がなされました。

　ブルドックソース事件最高裁決定以降，株主総会を経ていれば買収防衛策としての対抗措置の発動が差し止められることはないだろうと考えられてきた節もありましたが，株主総会の承認があったにもかかわらず，対抗措置の内容が相当性を欠くとして新株予約権の無償割当てを差し止める判断も出てきており，ウルフパック戦術が用いられるなど，買収を企図する者の側にアンフェアな行動が見られるケースであっても，企業価値と株主共同の利益を守るという買収防衛の目的に照らした丁寧な制度設計と対応が求められます。

⑷　買収防衛策の発動とMOM―買収者外しは許されるのか―

　東京機械製作所事件では，買収防衛策の発動に関する株主による意思確認総会において，通常の株主総会ではなく，マジョリティオブマイノリティ（MOM）の方法が取られましたが，その後，コスモエネルギーホールディングス株式会社（コスモエネルギーHD）の2023年6月定時株主総会においても，

30　最決令和4年7月28日資料版商事法務461号143頁。
31　ウルフパック戦術については本書129頁参照。

【図表3－5】　買収防衛策を巡る司法判断が下された近年の事例[32]

対象会社		経緯
日邦産業	2019年2月〜	フリージア・マクロスが市場内買付け
	2020年6月24日	定時株主総会において買収防衛プランの継続
	2021年1月28日	フリージア・マクロスがTOB開始
	2021年3月8日	取締役会が新株予約権の無償割当てを決議
	2021年4月22日	新株予約権無償割当ての差止めを認めない司
	2021年7月28日	フリージア・マクロスがTOBを撤回
日本アジアグループ	2020年11月〜	日本アジア代表取締役によるMBO，シティイ1次TOB開始
	2021年3月	日本アジアが特別配当を公表，CI11が第1次
	2021年3月9日	取締役会が買収防衛策の導入を決議
	2021年3月22日	取締役会が新株予約権の無償割当てを決議
	2021年4月23日	新株予約権の無償割当ての差止めを認める司
	2021年4月〜7月	CI11が第2次TOBを開始・成立
富士興産	2020年8月〜	アスリード・キャピタルが市場内で買集め
	2021年4月28日	アスリード・キャピタルがTOB開始
	2021年5月24日	取締役会が買収防衛策の導入を決議
	2021年6月11日	取締役会が新株予約権の無償割当てを決議
	2021年6月24日	定時株主総会において買収防衛策の導入・発
	2021年8月10日	新株予約権無償割当ての差止めを認めない司
	2021年8月24日	アスリード・キャピタルがTOBを撤回
東京機械製作所	2021年6月〜	アジア開発キャピタル（ADC）らが市場内で
	2021年8月6日	取締役会で買収防衛策の導入を決議
	2021年8月30日	取締役会が新株予約権の無償割当てを決議
	2021年10月22日	臨時株主総会において買収防衛策の導入・発締役等の利害関係者の議決権行使を認めず
	2021年11月18日	新株予約権無償割当ての差止めを認めない司
	2021年11月24日	ADCらはTOB検討方針を撤回
三ツ星（※）	2021年7月〜	アダージキャピタルが市場内で買集め
	2022年4月8日	取締役会が買収防衛策の導入を決議
	2022年5月18日	取締役会が新株予約権の無償割当てを決議
	2022年6月24日	定時株主総会において買収防衛策発動の承認
	2022年7月28日	新株予約権無償割当ての差止めを認める司法

（出所）公表情報を基に経済産業省作成

（※）三ツ星事件では，裁判所は対抗措置発動の相当性について否定的に判断しており，その必要性に

	株主意思確認総会	司法判断	結果
<u>の承認決議</u> <u>法判断</u>（名古屋高裁（抗告審））	あり （導入時）	差止め×	TOB撤回
ンデックスイレブンス（CI11）が第 TOBを撤回，<u>市場内で買集め</u> <u>法判断</u>（東京高裁（抗告審））	なし	<u>差止め○</u>	<u>TOB成立</u>
<u>動の承認決議</u> <u>法判断</u>（東京高裁（抗告審））	あり	差止め×	TOB撤回
<u>買集め</u> 動の<u>承認決議</u>（ADCら・対象会社取 （MoM決議）） <u>法判断</u>（最高裁）	あり	差止め×	TOB検討方針を撤回
<u>決議</u> <u>判断</u>（最高裁）	あり	<u>差止め○</u>	<u>対抗措置中止</u>

ついては従前同様，株主の意思確認を重視していることが指摘されている。

取締役会が，同社株式を買い進めるシティインデックスイレブンスに対して買収防衛策を発動するに当たって，シティインデックスイレブンスを除く出席株主の過半数の賛同で承認を求める方法を採用しました。結果は，賛成多数で買収防衛策の発動が承認されましたが，賛成比率は59.54％にとどまり，シティインデックスイレブンスに議決権の行使が認められていれば反対多数で否決されていたと考えられます[33]。今後も，買収提案者の株式保有割合が高い場合には，株主の意思確認の方法として，MOMを活用する事例が出てくる可能性がありますが，買収防衛策を発動する際にMOM決議の方法を用いることについては慎重に考える必要があります。

　まず，買収防衛策の発動条件としてMOMを活用することは，グローバルスタンダードな対応ではないことは理解しておく必要があります。米国でMOMが用いられるのは，支配株主が会社を買収する際に少数株主がキャッシュアウトされる局面であり，買収防衛策を発動する局面でMOMが用いられるわけではありません[34]。また，英国では，買収者が30％〜50％の間の部分買付けを行おうとする場合にのみ，公開買付審査委員会の事前の承認を得て，買収者がMOMによる承認を得ることを求めており，取締役会に対してMOMを用いる権限を与えているわけではありません[35]。取締役会の判断で，買収防衛策の発動条件としてMOMを用いることができるというのは，海外で一般に普及しているプラクティスではなく，あくまでも日本特有のプラクティスです。

　買収防衛の局面でMOMを用いると，買収を企図する者の議決権が除外されるうえ，買収提案者を除いた一般株主のうち，一定割合は，現取締役経営陣の判断に賛成を表明する可能性の高い取引先などの安定株主が占めていることも考慮すれば，多くのケースで会社提案が通ることになると考えられます。現に，

32　経済産業省・前掲注（12）25頁。

33　シティインデックスイレブンスの公表資料では，自社の議決権行使が認められていれば賛成割合は45.89％にとどまり，否決になったと説明されています（2023年6月23日付プレスリリース「買収防衛策についての承認議案は実質的には否決であったと評価すべきことについて」）。

34　米国では，社外取締役が取締役会の過半数を占めていることもあり，買収防衛策の発動は取締役会の判断で行われます。

35　米国と英国におけるMOMの活用について，ミルハウプト＝宍戸・前掲注（19）。

コスモエネルギーHDの件では，ISSやグラスルイスなどの議決権行使助言会社が反対に回り，有識者からも買収防衛策を発動する場面でMOMを用いることには慎重な意見が多く示されていたにもかかわらず[36]，賛成多数で会社提案が可決されることになりました。

　買収防衛策を発動する場面でMOMの利用を認めると，取締役会によって濫用的に利用されるおそれがあるため，企業買収における行動指針においても，「このような決議に基づく対抗措置の発動が安易に許容されれば，望ましい買収をも阻害する事態を招きかねない。また，決議要件を設定するのは対象会社であることからすれば，対象会社として承認が得やすいと考える決議要件が恣意的に設定されるおそれが存在する。」，「買収の態様等（買収手法の強圧性，適法性，株主意思確認の時間的余裕など）についての事案の特殊事情も踏まえて，非常に例外的かつ限定的な場合に限られることに留意しなければならない。」として，買収防衛策の発動に関する株主の意思確認の方法としてMOMを用いることには慎重であるべきとの考えが示されています[37・38]。

　企業買収における行動指針が懸念するように，取締役会が自己保身を図る目的でMOMを用いる危険性があることは確かですが，他方で，日本では，米国や英国と異なり，買収を企図する投資家に対する規制が弱いこともあり，現在の法制度のもとでは，ウルフパック戦術のような買収者側による濫用的な行動を牽制するための武器を取締役会に持たせる必要があるのもまた確かだと思います。

　ただし，米国や英国のルールを継ぎ接ぎ的に持ってきて取り入れるというやり方には注意が必要です。買収防衛策の発動場面におけるMOMの活用も，専

---

[36] 取締役会においてMOMが濫用的に用いられることを懸念する見解として，ミルハウプト＝宍戸・前掲注（19）。

[37] 企業買収における行動指針・45頁。

[38] シティインデックスイレブンスらによる株式の買い増し行為に対抗するための買収防衛策の発動に関し，2023年12月14日に臨時株主総会を開催されることが予定されていましたが，ここではMOMではなく普通決議を行うことが予定されていました（コスモエネルギーHD「大規模買付者による当社株券等の大規模買付行為等に対する取締役会評価結果確定及び対抗措置発動に関する当社臨時株主総会における株主意思確認の議案上程についてのお知らせ」（2023年10月24日）。なお，シティ側が買い増しを取りやめたため開催は中止されています。

門家らが，会社が買収されてしまうのを回避するために，海外のプラクティスを参考に捻り出した対応であると思われますが，投資家に理解されない日本独自の経営者保護法理が形成されてしまうと，資本市場を通じて取締役経営陣を規律付ける力が弱まり，上場企業全体で企業価値の向上が妨げられてしまうことが懸念されます。紛争の現場では，弁護士やコンサルタントなどの外部専門家が，それぞれの立場でベストを尽くし，状況を打開するために様々な対応を行うことはいわば当然のことですので，そうした実務上の工夫や対応の是非を裁判所が適切に評価して，ルール形成を主導していけるかが重要になるのだろうと思います。会社の買収局面については，毎年のように新たな実務上の問題や論点が出てきており，裁判所も対応に苦労しているところだとは思いますが，実務の発展のためにも，裁判所には頑張っていただきたいです。

⑸　同意なき買収提案への対応の在り方

■同意なき買収提案を受けた場合に求められる対応

　同意なき買収提案を受けた場合，「その提案に応じて買収される方が，現経営陣による経営体制を維持する場合よりも，企業価値向上や株主共同の利益に資すると考えられる場合には，提案に応じ，企業価値や株主共同の利益を毀損するおそれが否定できない場合やその判断がつかない場合には，買収防衛策を導入して検討に必要な時間と情報を確保するなどし，会社と株主の利益を守る」というのが善管注意義務及び忠実義務から導かれる取締役の基本的な任務・行動規範になります。要するに，企業価値や株主共同の利益の確保・向上に繋がる"良い買収提案"には応じ，これらを毀損する"悪い買収提案"に対しては，必要に応じて，会社と株主を守るために買収防衛策を導入・発動することが求められるということです。

　この点は，企業買収における行動指針においても確認されているところであり，企業買収における行動指針には，真摯な買収提案（具体性・目的の正当性・実現可能性のある買収提案）に対しては，取締役会において，買収後の経営方針，買収価格等の取引条件の妥当性，買収者の資力・トラックレコード・経営能力，買収の実現可能性等を中心に，企業価値の向上に資するかどうかの観点から買収の是非を検討すること，そして，買収を通じた企業価値向上策と

現経営陣が経営する場合の企業価値向上策を，**定量的**な観点から十分に比較検討することが望ましいと記載されています[39]。

　しかし，企業価値や株主共同の利益に資する良い買収提案（真摯な買収提案）がなされた場合に，取締役会は，企業買収における行動指針にしたがった真摯な対応ができるでしょうか。買収提案に応じれば，現在の取締役経営陣の多くはその地位を失うことになるため，現取締役経営陣が，忠実義務を尽くして，対抗措置を発動することなく，買収提案の受け入れも含めた誠実な対応を行うというのは容易なことではないでしょう。

　買収を企図する者の提案が，検討に値する提案である場合に，取締役経営陣がなすべきことは，現経営陣による経営体制を維持する場合と買収を企図する者の提案に応じる場合とで，どちらの方が自社の企業価値を高めることができるかを検討し，現経営陣による経営体制を維持する方がよいと判断する場合には，それを合理的な根拠に基づいて株主に説明・公表することです。買収を企図する者による提案の不備を指摘するだけでは足りません。そもそも，買収提案を受けるような事態に陥っているのは，長年にわたって企業価値や株価が高まらない状況が改善されなかったからであり，それまで株主総会で承認を得てきている事実があるとはいえ，取締役経営陣としてその職責を十分に果たしてきたとはいえない部分があるのは確かでしょう。多少荒っぽい提案であったとしても，シンプルに企業価値の向上という観点からは，現経営体制を維持するよりも，買収提案に応じた方がよいということもあるかもしれません。買収提案で示される企業価値向上策に対して，「抽象的であり具体性がない」などとして門前払いの対応が行われるケースも少なくありませんが，堂々と構えて取締役会で議論を行い，良い点は良いと認め，ダメな点はダメであると指摘する，不明な点には質問を投げかけるという対応を誠実に行う方が現経営陣の主張の説得力と正当性が高まるはずです。

　突如として買収提案を受けることになれば，どうしても浮足立ってしまいがちですが，有事のときこそ地に足を付け，善管注意義務や忠実義務の基本に立ち返った対応を取ることが重要です[40]。

---

[39]　企業買収における行動指針・16-17頁。

■重要なのは平時の対応

　有事の際の対応を分けるカギは平時にあります。平時から，取締役会におい
て，企業価値や株価が低迷している要因を分析して，収益性や資本効率の改善
を含めた経営改革を進めていれば，仮に買収提案が出されたとしても，その是
非を的確に評価し，ダメな提案に対しては，従業員利益の保護などの理屈を持
ち出さずとも，論理的かつ説得的な反論をすることができるはずです。そうな
れば，議決権行使助言会社や他の機関投資家らも取締役経営陣の味方に付くは
ずで，買収防衛策の発動が必要になれば，MOMの手法を持ち出さずとも，多
数株主からの賛同を得ることができるでしょう。

　平時から企業価値の向上に向けた経営改革を進めていくことは，企業価値を
毀損する買収提案から会社や株主の利益を守るとともに，経営者自身の身を守
るための最善の方法でもあります。

2　MBOと支配株主による従属会社の買収

　次は，買収防衛の局面と並んで，取締役経営陣の忠実義務が問題となるマネ
ジメントバイアウト（MBO）と支配株主（親会社など）による従属会社の買
収の問題を見ていきます。

⑴　MBO等を実施する意義と問題点

■MBO等を実施する意義

　MBOは，会社の経営者が金融機関やファンドなどからの出資を受け，自身
が経営する会社を買収して株式の非公開化を行う手法です。MBOや支配株主
による従属会社の買収（以下，合わせて「MBO等」といいます）には，株式
が事業内容を熟知している経営者や支配株主に集中することで，資本市場にお
ける短期的利益の実現への期待や圧力から解放された長期的思考に基づく柔軟

40　現在の株価を十分に上回る価格で上場会社に買収が提案された場合には，株主共同の利
　　益に配慮する義務の一環として，取締役会には買収提案を検討する義務があるとする見解
　　として，大杉謙一「非友好的な買収提案と取締役会の対応の在り方」MARR314号（2020）。

な経営戦略や，大胆な事業構造改革を伴うビジネスモデルの再構築，機動的な事業ポートフォリオの転換等が実現しやすくなるなどの意義があるほか，株主に市場株価を超える価格での株式売却の機会が提供されるなどの意義があり[41]，MBO等を実施して非公開化を行うことは，会社や株主共同の利益に適う一つの有効な手段と考えられています。

　東証の市場区分再編により，プライム上場を維持するための要件が厳格化されるとともに，株主アクティビズムが活発化する中で，上場を維持するメリットをデメリットが上回ったと判断し，MBO等を通じた株式非公開化を行う事例が増えてきています。資金調達や信用性の確保，従業員の確保などの点で上場を維持することにはメリットがありますが，上場を維持する以上は株価を意識した経営を行わなければならないため，企業価値の向上に向けた抜本的な経営改革を行うことは簡単ではありません。経営不振の状況が続いている場合には，一旦非上場化をして市場圧力から解放された状態で経営再建をし，再び上場を目指すという道もありますので，上場を維持することありきで考えるのではなく，MBO等を通じた非公開化という道も企業価値を高めるための一つの有効な手段として認識しておくべきでしょう。

■MBO等が抱える問題

　他方で，MBO等は大きな問題を抱えています。相互に独立した当事者間で行われる通常の企業買収においては，当事会社の取締役が，会社の企業価値を増加させるか否かの観点から買収の是非を検討するとともに，会社や株主にとってできる限り有利な取引条件で取引が行われることを目指して合理的な努力を行うことが期待できますが，MBO等が実施される場合，買収者である取締役や支配株主から送り込まれている取締役は，買収対価を低くしようとする動機を持つため[42]，買収者（自身）の利益を優先した判断や取引条件の設定が行われる危険があります（**構造的利益相反の問題**）。

　また，買収者である取締役や支配株主とその他一般の株主との間に情報の大

41　M&A指針・6頁。
42　MBO等が行われる場合，割引率（資本コスト）を高く設定したり，非事業用資産として積み増すべき余剰現金を事業用資産として取り扱うなどすることで，不当に株式評価額を下げていないかを投資家から指摘されるケースが多く見られます。

きな格差が存在するという**情報の非対称性の問題**もあります[43]。

　MBO等が実施される局面では，構造的な利益相反問題と情報の非対称性の問題に対処し，会社と株主共同の利益を守ることが重要な課題となります。

⑵　MBO等の局面における取締役の行為規範

　MBO等の局面における取締役の行為規範を見ていきましょう。法的な行為規範としては，取締役の善管注意義務としての行為規範と買収価格に不満を持つ株主による価格決定申立てが行われる際の裁判所の判断基準の2つがあります。

■取締役の善管注意義務としての行為規範

　まずは，取締役の善管注意義務としての行為規範です。MBO等を実施する場合，当該状況下においてMBO等を実施することが，企業価値の向上に適う合理的な判断といえなければなりません。これは，株主利益最大化原則（本書45頁を参照）から導かれる企業価値向上に向けた行為規範です。ただし，裁判所は，この判断について，取締役の裁量を広く尊重する立場を取っており，著しく不合理な判断と言えない限り，善管注意義務違反との評価を受けることにはならないため，MBO等を実施するという判断それ自体が善管注意義務に違反するというケースは極めて稀であると考えられます。

　企業価値向上とは別に，株主利益との関係での義務も課されます。**株主共同の利益に配慮する義務**です（本書51頁を参照）。MBOの局面における取締役の義務が問題となった**レックス・ホールディングス損害賠償請求事件高裁判決**において，取締役には，株主共同の利益に配慮する義務として，**公正価値移転義務**（対象会社の客観的な企業価値に，MBOを実施することで得られるシナジーを踏まえた適切なプレミアムを上乗せした公正な買収価格でMBOを行わなければならないとする義務）があると判示され[44]，その後，同種事案である**シャルレ株主代表訴訟事件高裁判決**において，取締役が企業価値の移転について公正を害する行為を行えば，公開買付け，ひいてはMBO全体の公正に対する信

43　M&A指針・8頁。
44　東京高判平成25年4月17日判例時報2190号96頁。

頼を損なうことにより，会社は本来なら不要な出費を余儀なくされることは十分に考えられるから，取締役は，そのことによって会社が被った損害を賠償する義務を負うと判示されています[45]。なお，公正価値移転義務については，MBO等の構造的な利益相反状況の有無にかかわらず，対象会社の取締役が負うべき一般的な義務であるとする考え方も学説では有力です[46]。

　公正価値移転義務の存在を認めたレックス・ホールディングス損害賠償請求事件高裁判決では，取締役会が会社を売却することを決定した後は，株主が受け取る買収対価の価値に関して，合理的に入手可能な最善の価格を入手しなければならないという，米国デラウェア州判例法で示された**レブロン義務**と同等の義務までを負うかが争点となりましたが，裁判所は，レブロン義務のような最高価格を目指す義務の存在を否定しています。

　レックス・ホールディングス損害賠償請求事件高裁判決では，買収を企図する経営者らと一般株主との間に存在する情報の非対称性の問題を踏まえ，取締役には，**適正情報開示義務**（株主がTOBに応じるか否かの意思決定を行ううえで，適切な情報を開示すべき義務）が課されるとの判断も示されています。

■**株式取得価格決定申立てとの関係での行為規範**

　MBO等が実施される場合において，全部取得条項付株式を用いるなどして強制的に株式を取得（スクイーズアウト）されてしまった場合，株式の買い取り価格に不満を持つ株主は，「公正な価格」（本書51頁注（58）参照）での買い取りを求めて，裁判所に対し，株式取得価格の決定の申立てを行うことができます[47]。買収価格を巡る紛争については，取締役の善管注意義務違反を理由とする損害賠償請求ではなく，価格決定申立ての方法で争われるのが一般的です。

　裁判所に対して，価格決定の申立てが行われた場合，買収価格が公正な価格といえるかどうかを裁判所が判断することになりますが，**ジュピターテレコム株式取得価格決定申立事件**[48]において，MBO等の構造的利益相反が問題となるケースにおいても，価格の決定プロセスが公正な場合（一般に公正と認めら

45　大阪高判平成27年10月29日金融・商事判例1481号28頁。
46　経済産業省・前掲注（12）40頁参照。
47　会社第172条，第179条の8など。
48　最決平成28年7月1日民集70巻6号1445頁。

れる手続である場合），買収価格は原則として「公正な価格」であるという趣旨の判断が示されました。この判断によれば，価格決定のプロセスが公正であると認められる場合，買収価格については，取締役会の判断がそのまま尊重されることになるため，価格算定プロセスの公正性を確保することがMBO等の局面における取締役の重要なミッションとなっています。

　ジュピターテレコム事件最高裁決定の後に公表されたM&A指針は，MBO等を実施する際に，特別委員会の設置[49]や他の潜在的な買収者による対抗的な買収提案が行われる機会を確保するマーケットチェック[50]をはじめとする公正性担保措置を取ることを求めていますが，M&A指針に準拠した対応を取ることは，実務上，裁判所のいう「一般に公正と認められる手続」を確保するうえでも重要な意味を持っており，MBO等を実施する際は，M&A指針に準拠した対応を取ることが実務上のスタンダードになっています。

⑶　MBO等を巡る近時の課題と動向

■取締役の行為規範の在り方

　裁判例を通じて与えられているMBO等の局面における取締役の主な行為規範は，①企業価値の向上に資するMBO等を実施すること，②買収価格が「公正な価格」となるように（公正な企業価値を移転を図ることができるように）手続の公正性を確保すること，③株主に対して適切な情報開示をすること，の3つに整理できます。MBO等が企業価値向上に向けた一つの有効な選択肢であればよく，より企業価値を高めることのできる第三者を積極的に探すことや，より高い買収価格となるように買収者側と交渉を行うことは法的な行為規範には含まれていません。これらの対応は，法的に必須の対応というわけではなく，取締役が会社に対する善管注意義務を尽くしていることや買収価格が公正であることを裁判所に認めてもらうための一要素という位置づけになります。

　特別委員会の設置やマーケットチェックなど，公正性担保措置としてM&A指針で求められている各種の対応は，取締役会が会社を売却することを決定し

49　独立性を有する者で構成され，重要な情報を得たうえで，企業価値の向上および一般株主の利益を図る立場から，M&Aの是非や取引条件の妥当性，手続の公正性について検討および判断を行う（M&A指針・19頁）。

た後は，株主が受け取る買収対価の価値に関して，合理的に入手可能な最善の価格を入手しなければならないという**レブロン義務**が存在する米国のプラクティスを参考に取り入れられたものですが，日本では，より高い価格の入手を求めるレブロン義務のような行為規範が存在しないままに，手続面に関してのみ米国のプラクティス（の一部）が取り入れられてきたこともあり，特別委員会の設置やマーケットチェックなどの公正性担保措置が，MBO等の公正さにお墨付きを与えるだけの存在になってしまっているように見えるケースが少なくありませんでした。

　こうした状況を受け，手続面を整えるだけでなく，会社の買収局面における取締役（会）の行為規範そのものを見直す必要がないかという問題意識がもたれるようになり，企業買収における行動指針では，経営支配権を取得する買収提案を巡る取締役・取締役会の行動規範に関する補充が行われました。MBO等が関連する部分では，「取締役会が買収に応じる方針を決定する場合において，取締役会は，買収者との交渉を行う際に，取引条件（価格に加え，買収比率や買収対価も含む。また，取引の蓋然性の高さも重要な考慮要素となる。）の改善により，株主にとってできる限り有利な取引条件で買収が行われることを目指して，真摯に交渉すべきである。」，「具体的には，取締役・取締役会として，買収者との間で企業価値に見合った買収価格に引き上げるための交渉を尽くす，競合提案があることを利用して競合提案に匹敵する程度に価格引上げを求める，[省略]，など，企業価値の向上に加えて株主利益の確保を実現するための合理的な努力を貫徹すべきである。」との記載が盛り込まれ[51]，これにより，ベストプラクティスとしては，レブロン義務が尽くされるのに近い対応が求められるようになったと考えられます。

　ただし，これはあくまでもソフトローで与えられるベストプラクティスとしての行為規範であり，法的な要請ではありません。実務上，どの程度これにし

50　実務では，MBOの実施に際して，公表後，対抗提案が可能な期間を比較的長期間確保する間接的なマーケットチェックが行われるのが一般的であり，オークションを行うなどの方法により市場における潜在的な買収者の有無を調査・検討する積極的なマーケットチェックは実務上普及していません。

51　企業買収における行動指針・19-20頁。

たがった対応が取られるのか，裁判所の判断にどのような影響を与えるのか，今後の実務や裁判例の動向を注視していく必要があるでしょう[52]。

■**頓挫が増えるMBO**

　MBO等の局面における取締役の法的義務は，それほど重いものではなく，特別委員会の設置やマーケットチェックなどの公正性担保措置を，MBO等の完遂の妨げにならない範囲で取り入れつつ，他のMBO等事案における買収プレミアム率の水準と遜色ないプレミアムを乗せておけば，MBO等を適法に実施することができ，買収価格を巡る事後的な紛争も優位に進めることが可能でした。

　しかし，株主アクティビズムが活発化するとともに，スチュワードシップ責任を踏まえた対応を行う機関投資家が増える中で，手続を整えるだけではMBOを完遂できないケースが増えてきています。近時，MBOの提案に対して，TOB価格が不当に低すぎるというアクティビスト株主の声に市場が反応して市場価格がTOB価格を上回ってしまうケースや，経営陣の設定したTOB価格を上回る価格の対抗TOBが行われることで**MBOが頓挫するケース**が見られるようになってきており[53]，適正な企業価値評価に基づく買収価格の設定が行われなければMBOを成立させることが困難になってきています。PBR1倍割れという割安な株価を是正してこなかった経営陣が，割安な価格で会社を買収することを，株主が簡単には受け入れがたいと考えることは容易に想像がつくところかと思いますが，仮に，経営陣の設定したTOB価格が，市場価格に高いプレミアムを上乗せした価格（裁判所で「公正な価格」と認められ得る価格）であったとしても，それが企業の本源的価値[54]を著しく下回るような割安な価

52　大杉謙一「ソフトローと取締役の義務―東京電力株主代表訴訟事件・東京地裁判決を参考に―」旬刊商事法務2341号（2023）24頁は，企業買収における行動指針について，「上場会社の取締役や企業買収にかかわるさまざまな専門家の間でのプリンシプルとして機能することが期待され，また，これに反する行動が実際になされればその当事者に法的な不利益サンクションが生じる可能性が高い」と指摘しています。

53　レコフの調査によると，MBOの失敗は2004年のソトー以降，10件しかないものの，2021年から2022年1月までの間に，光陽社，日本アジアグループ，サカイオーベックス，パイプドHD，片倉工業の5つのMBOが頓挫しています（2022年1月14日付け日本経済新聞電子版「相次ぐMBO失敗，誰のせい？」）。

格であるとすれば，株主の賛同を得てMBOを成立させることは容易ではないでしょう。こうした傾向は益々強くなっていくと予想されます。

■伊藤忠商事によるファミリーマートの完全子会社化事案

　上場子会社の完全子会社化事案において，特別委員会がその役割を果たさず，公正な手続きが取られなかったとして，TOB価格を見直す司法判断が下されました。

　伊藤忠商事が2020年に実施した子会社ファミリーマートに対するTOBについて，TOB価格に不満をもつ米国アクティビストのRMBキャピタルなどが公正な価格の決定を求めた裁判で，東京地裁は，TOB公表前の市場株価と同種事案の買収プレミアムを踏まえつつ，TOB価格（2300円）が，ファミリーマートが設置した特別委員会によるDCF法による価格算定結果（1株当たり2472－3040円）の下限を下回っていた点などを考慮し，TOB価格が適正水準より300円安かったとの判断を示しました。

　ファミリーマートが設置した特別委員会は，「取締役会は，本公開買付けに賛同する旨の意見を表明するとともに，本公開買付けに応募するか否かは当社株主の判断に委ねる旨の意見を表明することが妥当である」との意見を表明し[55]，公開買い付けに応募するか否かを株主の判断に委ねる判断を下しましたが，裁判所は，公開買付価格が特別委員会の財務アドバイザーのDCF法の株式価値算定結果のレンジの下限を下回り，また，プレミアム水準も類似事例と比べても低いものであったにもかかわらず，本件公開買付の実施を優先した点などを捉え，これでは特別委員会としての役割を果たしたとはいえず，したがって，「一般に公正と認められる手続」とはいえないとし，特別委員会が機能していたか否かについて一歩踏み込んだ判断を行いました。企業買収における行動指針が公表されたこともあり，今後は，裁判所による手続の公正性判断は厳格になっていくと予想されます。

54　会社の現在の経営資源を効率的な企業経営のもとで有効活用することで実現し得る会社の本質的な価値のことを本源的価値といいます（企業買収における行動指針・7頁）。
55　株式会社ファミリーマート「親会社である伊藤忠商事株式会社の子会社であるリテールインベストメントカンパニー合同会社による当社株券等に対する公開買付けに係る意見表明に関するお知らせ」（2020年7月8日）35頁。

　特別委員会がその役割を果たしたといえるかを厳格に判断し，自ら「公正な価格」に関する判断を行った裁判所の姿勢については評価する声が多く聞かれる一方で，2600円を「公正な価格」と判断した根拠の合理性については疑問を呈する声もあります。MBOのように利害関係のあるM&Aが行われる場合における裁判所による「公正な価格」の判断は，当該M&A取引がなければ当該株式が有していたであろう価値，いわゆる「ナカリセバ価格」（TOB公表前の一定期間の市場株価）をベースに，買収によって企業価値の増加が生じる場合は，これに買収によるシナジー効果の期待値を踏まえた買収プレミアムを加算する方法で行われていますが[56]，DCF法などで算定される実態としての株式価値と市場株価には乖離がある場合が多く，ファミリーマートのケースでも，「公正な価格」を算定するに当たって参照された期間の市場株価が，実態としての株主価値よりも割安であった可能性が指摘されています[57]。

　裁判所には，「公正な価格」を判断するための合理的な裁量があるとされており，2600円が「公正な価格」であるとした本判決の判断については，裁判所に裁量権の逸脱・濫用はないと評価されていますが[58]，裁判所による「公正な価格」の評価方法の在り方については議論の余地があり，将来的には，現在のように市場株価を重視する方法から，企業の本源的価値を重視する方法にシフトしていくことも考えられるでしょう。

3　ユニゾホールディングスの経営破綻を考える

　不動産事業及びホテル事業を営むユニゾホールディングス（ユニゾHD）が令和5年4月26日，東京地方裁判所に民事再生手続開始の申立てを行いました。2020年に実施された株式非公開化に際して多額の借入金を抱えたことに加え，

---

[56]　レックスホールディングス事件（最決平成21年5月29日金判1326号35頁）では，MBO公表前6か月間の市場株価に20%のプレミアムを加算しています。

[57]　鈴木一功＝吉村一男「「公正な価格」における市場株価の取扱い—ファミリーマート株式買取価格決定申立事件決定を踏まえて—」旬刊商事法務2337号（2023）24頁。

[58]　飯田秀総「支配株主によるキャッシュアウトに係る株式買取請求の公正な価格—ファミリーマート事件（東京地決令和5年3月23日）の検討—」旬刊商事法務2331号（2023）15頁。

新型コロナウイルスの感染拡大でホテル事業が低迷したことで，資金繰りが悪化したことが原因であると報道されています。

2020年にユニゾHDが実施した株式非公開化は，ユニゾHDの従業員が同社を買収するEBO（エンプロイーバイアウト）の方法で実施されたものでした。2019年にエイチ・アイ・エス（HIS）が，経営陣の同意なき株式公開買付け（TOB）を行い，その後，ブラックストーンをはじめとする複数の競合的買収者が現れて買収合戦に発展し，最終的には，米国の投資ファンドであるローンスターの支援を受ける形でEBOが実施され，2020年に非上場化されたというのがその経緯です。当時，ユニゾHDの取締役経営陣は，多くの買収提案がなされている中で，EBOを実施することが最も同社の企業価値向上に資すると判断したわけですが，この時，"従業員保護"が重要な争点となっており，従業員保護を重視する形でローンスターによる買収提案に賛同表明を行いました。

当初は，EBOの実施によって雇用を守りながら企業価値を向上させていくことが期待されましたが，現実には，EBOの実施後わずか3年でユニゾHDは経営破綻することになりました。コロナ禍におけるホテル事業の低迷という要因が一定程度影響しているのは確かだと思いますが，EBOによる多額の貸付金を短期間で返済したことで，返済資金に窮して不動産を次々と売却し，キャッシュが回らなくなったことが主たる要因であるとの見方もあり[59]，EBOの実施を推し進めた当時の経営陣に対して損害賠償請求訴訟などが提起されています。

ユニゾHDの事例を意識してのことと推測されますが，企業買収における行動指針に，「「企業価値」は定量的な概念であり，対象会社の経営陣は，測定が困難である定性的な価値を強調することで，「企業価値」の概念を不明確にしたり，経営陣が保身を図る（経営陣が従業員の雇用維持等を口実として保身を図ることも含む。）ための道具とすべきではない。」との記載が追記されました[60]。

59　2023年5月5日付けM&A Online投稿記事「ユニゾホールディングス倒産の引き金となったローンスターと旧経営陣の策略）」（https://maonline.jp/articles/unizoholdings-20230505）最終アクセス2023年5月14日。
60　企業買収における行動指針・9頁。

　近時，ESGやサステナビリティへの関心の高まりとともに，企業の社会的価値が注目されるようになる中で，企業価値という概念が，定量化が困難な概念として用いられるケースが見られますが，企業価値という概念は，あくまでも定量化が可能な経済的価値と捉えるべきでしょう。とりわけ会社の買収局面において定量化が困難な価値を持ち出すと，企業価値という概念が，経営陣が保身を図るための道具として用いられることが強く懸念されるため，従業員利益などの定性的な要素を含めた概念として用いることのないように注意が必要です。

　また，そもそも，経済的価値としての企業価値の向上を図ることができなければ，従業員をはじめとする株主以外のステークホルダーの利益を守ることはできません。経済的価値としての企業価値と従業員をはじめとする株主以外のステークホルダーの利益が二者択一の関係にあるかのように論じられることがありますが，従業員をはじめとする株主以外のステークホルダーの利益は，本来，株主の利益と同様に，経済的価値としての企業価値を高めることで実現されるものです。事業の収益性が上がらない状態が続けば，従業員の賃金は上がりませんし，コストカットのために，整理解雇や希望退職を募るなどの対応が必要になるかもしれません。経営破綻となれば，多くの従業員が職を失うことになってしまうでしょう。株主の利益だけでなく，従業員をはじめとする株主以外のステークホルダーの利益を守るという観点からも，（経済的価値としての）企業価値を最も高めることができる者が経営を行うのが合理的といえます。

　もちろん，買収後の経営方針によっては，事業の売却や再編に伴う人員削減が進められることもありますが，これが本当にネガティブなことなのかは考える必要があるでしょう。事業の収益性が上がらなければ遅かれ早かれ雇用を維持し続けることは難しくなりますので，「現経営体制が維持すれば従業員の利益が守られるが，買収されると従業員利益が害される」とは一概には言えません。早い段階で経営改革を行い，できるだけ傷口を小さくしながら収益性を高めていくことで，最終的には，現経営体制を維持するよりも，多くの雇用が守られるということもあるでしょう。経営権に変動が生じることによって従業員らがネガティブな影響を受ける可能性がある場合には，できる限りそのような事態が生じないように，あるいは影響が小さくなるように買収提案者と交渉す

るとともに，従業員らに対して丁寧な説明を行い，不安を和らげる対応が求められるのは言うまでもありません。ただし，殊更に従業員利益の保護を強調することで買収提案を排斥する対応を行えば，経営陣の保身のために従業員を利用しているとして株主や有識者らから厳しい評価を受けることになってしまいます。買収提案を拒絶するのであれば，現経営体制を維持する方が（経済的価値としての）企業価値を高めることができる（より高い本源的価値を実現できる）ということを正面から説明するべきでしょう。

【深掘り文献・論文リスト】

- 別冊商事法務編集部編『別冊商事法務470号新しい買収防衛策の考え方』（2022, 商事法務）
- 飯田秀総「支配株主によるキャッシュアウトに係る株式買取請求の公正な価格——ファミリーマート事件（東京地決令和5年3月23日）の検討——」旬刊商事法務2331号（2023）4-17頁
- 鈴木一功＝吉村一男「「公正な価格」における市場株価の取扱い——ファミリーマート株式買取価格決定申立事件決定を踏まえて——」旬刊商事法務2337号（2023）16-29頁
- 保坂泰貴「「企業買収における行動指針」の解説〔上〕」旬刊商事法務2337号（2023）4-15頁
- 保坂泰貴「「企業買収における行動指針」の解説〔下〕」旬刊商事法務2338号（2023）53-66頁
- 石綿学＝福田剛「「企業買収における行動指針」の実務からの考察〔上〕」旬刊商事法務2338号（2023）19-32頁
- 石綿学＝福田剛「「企業買収における行動指針」の実務からの考察〔下〕」旬刊商事法務2339号（2023）78-87頁
- 星明男「「企業買収における行動指針」の検討——指針の支配権市場観と株主意思の原則の再定位——」旬刊商事法務2339号（2023）29-39頁
- 得津晶「日本とアメリカのポイズン・ピルの現在」旬刊商事法務2342号（2023）4-12頁。
- 茂木美樹ほか「買収防衛策の導入状況とその動向——2023年6月総会を踏まえて——」旬刊商事法務2342号（2023）13-23頁。
- 鈴木一功＝田中亘編著『バリュエーションの理論と実務』（2021, 日本経済新聞出版）

• 伊藤広樹ほか『企業防衛実務 企業価値向上への道標』（2024，商事法務）

企業価値向上に向けた取締役会・コーポレートガバナンス対応部門の在り方

第1章

企業価値向上に向けた
取締役会の在り方

Questions

- 取締役会はどのような責務・役割を果たすべきなの？
- 監査等委員会設置会社や指名委員会等設置会社に移行した方がよいの？
- 取締役会の実効性評価ではどのような点に留意すればよいの？
- 社外取締役はどのような責務・役割を果たすべきなの？
- 社外取締役にはどのようなスキルが求められるの？
- 社外取締役の実効性を確保するためには何が必要なの？
- モニタリングボードの弱点は？　Board 3.0って何？

概　要

　企業価値を向上させていくために取締役経営陣がなすべきことは前章までで見てきたとおりですが，問題はそれをどうやって実現するかです。取締役経営陣によって自発的に必要な取り組みが進められれば良いわけですが，そうはならないということはこれまでの歴史が証明しているとおりです。コーポレートガバナンス・コードをコンプライするための形式的な対応では足りないのはいうまでもありませんが，企業価値を高めていくためには，取締役経営陣が企業価値向上に向けた合理的な経営を行うよう促し，支える仕組み（インターナルガバナンス）を整える作業が欠かせません。

　取締役経営陣によって，企業価値の向上に向けた経営が適切に行われるように後押しする存在となるのが取締役会ですが，その要となるのは社外取締役です。その意味で，「取締役会の実効性を高めること」≒「社外取締役の実効性を高めること」と言ってもよいでしょう。

　本章では，取締役会の実効性を高めていくうえで理解しておくべき重要事項や実務上の留意点を，特に社外取締役の実効性確保に焦点を当てながら見ていきます。

1　取締役会の責務と役割

　コーポレートガバナンスの要である取締役会はどのような責務・役割を担うのでしょうか。会社法とコーポレートガバナンス・コードに規定されている取締役会の責務・役割を見ていきましょう。

　まずは，会社法です。会社法には，取締役会の職務として，①業務執行の決定，②取締役の職務の執行の監督，③代表取締役の選定及び解職の3つの職務が規定されています[1]。このうち，代表取締役の選定及び解職は，代表取締役に対する監督と位置付けられるので，取締役会には，大きく，**業務執行の決定**と**取締役の職務執行の監督**という2つの職務があると整理することができます。取締役会には**意思決定機能**と**監督機能**という2つの機能があると表現することもできるでしょう。

　次は，コーポレートガバナンス・コードを見てみましょう。コーポレートガバナンス・コードでは，会社法に規定されている取締役会の職務を前提に，より企業価値の向上を意識した形で，具体的に取締役会の責務・役割を定めています。

> **CGコード基本原則4（取締役会等の責務）**
> 　上場会社の取締役会は，株主に対する受託者責任・説明責任を踏まえ，会社の持続的成長と中長期的な企業価値の向上を促し，収益力・資本効率等の改善を図るべく，
> (1)　企業戦略等の大きな方向性を示すこと
> (2)　経営陣幹部による適切なリスクテイクを支える環境整備を行うこと
> (3)　独立した客観的な立場から，経営陣（執行役及びいわゆる執行役員を含む）・取締役に対する実効性の高い監督を行うこと

1　会社第362条第2項。

をはじめとする役割・責務を適切に果たすべきである。

　こうした役割・責務は，監査役会設置会社（その役割・責務の一部は監査役及び監査役会が担うこととなる），指名委員会等設置会社，監査等委員会設置会社など，いずれの機関設計を採用する場合にも，等しく適切に果たされるべきである。

　取締役会に求められる一つ目の責務・役割は，「**企業戦略等の大きな方向性を示すこと**」です。取締役会は，業務執行の意思決定機関としての側面と経営陣による業務執行の監督機関としての側面を有しているわけですが[2]，経営戦略等は，個別の業務執行の決定を行う際に，その是非を判定する重要な指針であるとともに，監督をする際に経営陣による業務執行を評価する基準となるものでもあり，経営戦略等を決定することは，意思決定機能と監督機能のいずれの側面からも取締役会が担うべき重要な役割となります[3]。

　しかし，令和2年に行われたアンケート調査の結果によると，回答企業の56％が，取締役会の課題として，中長期的な経営戦略に対する議論が不十分である点を挙げており，取締役会の課題として挙げられた項目の中で，最も高い割合となっています[4]。これまで取締役会における議論の中心が，業務執行に関わる個別案件に置かれてきた中で，経営戦略等の大きな方向性に関する議論が十分に行われてこなかったことが大きな課題となっており，取締役会実効性評価において，この点が課題として挙げられるケースも多く見られます。中長期的な経営戦略に対する議論を十分に行えていない場合は，取締役会への付議事項を見直し，これまで取締役会で議論されてきた事項のうち重要性が高くない業務執行案件を縮小するとともに，経営戦略に関する議論を充実させる対応が求められます[5]。

2　会社第362条第2項参照。
3　CGSガイドライン・9頁。
4　PwCあらた有限責任監査法人「令和2年度 産業経済研究委託事業（経済産業政策・第四次産業革命関係調査事業費）日本企業のコーポレートガバナンスに関する実態調査報告書」（令和3年3月）17頁。
5　CGSガイドライン・9頁。

「経営陣幹部による適切なリスクテイクを支える環境整備を行うこと」も取締役会が担うべき重要な責務・役割です。経営陣がリスクを恐れて，内部留保を成長投資に活用できていないことが企業の成長を妨げている大きな要因となっているというのは第1部の冒頭で確認したとおりですが，成長投資のために資金を有効活用できるように経営陣を後押しするとともに，経営上の意思決定の合理性を確保するために必要な客観的・専門的な知見を提供することで，経営陣による適切なリスクテイクを支えることも取締役会に求められる重要な責務・役割です。

コーポレートガバナンス・コードは，取締役会が担うべき役割として，**「独立した客観的な立場から，経営陣（執行役及びいわゆる執行役員を含む）・取締役に対する実効性の高い監督を行うこと」**を明示することで，取締役会の監督機関としての役割を強調しています。これは，経営の執行と監督を分離し，社外取締役が中心となって経営陣による業務執行を監督するという，米国や英国で普及しているモニタリングボードモデルを志向したものです。日本では，経営の意思決定機能を重視し，社内取締役が中心となって構成されるマネジメントボードモデルが普及してきましたが，コーポレートガバナンス・コードの導入以降，モニタリングに軸足を置く企業が増えてきています[6]。

2　ボードモデルと機関設計

次は，会社法上用意されている株式会社の3つの組織形態とボードモデルの関係について見ていきます。

(1)　監査役会設置会社

日本の上場企業で広く普及してきたマネジメントボードモデルに最も親和的な組織形態は，**監査役会設置会社**です。監査役会設置会社は，重要な業務執行

6　令和2年に行われたアンケート調査によれば，回答企業のうち11％がモニタリング型，29％がどちらかといえばモニタリング型と回答しており，回答企業のうち4割がモニタリングに軸足を置いた取締役会モデルを採用している状況です（PwC調査報告書・前掲注（4）7頁）。

の決定を行うことを取締役会に義務付けることで業務執行の決定機関としての取締役会の権限を強める一方[7]，監査役による取締役の職務の監査を通じて，取締役会の監督機能を補強するという組織形態です。

　従来は，上場企業の大多数が監査役会設置会社を採用していましたが，後に見る監査等委員会設置会社へ移行する企業が増える中で，監査役会設置会社を採用する企業の数は減り続けています。2022年7月時点で，上場企業全体の約6割が，監査役会設置会社を採用しているという状況です[8]。

(2)　指名委員会等設置会社

　英米で広く普及しているモニタリングボードモデルに最も親和的な組織形態が**指名委員会等設置会社**です。指名委員会等設置会社は，社外取締役を委員の過半数とする指名・報酬・監査という3つの委員会を設置することで，経営者（執行役）による業務執行を監督するという組織形態です。指名・報酬・監査というのは，監督機能の実効性を確保するうえで肝になる要素であり，指名委員会等設置会社では，この3つの要素を社外取締役に監督させることで，制度として監督機能の実効性を確保しています。

　監督機能の強化という点で優れている指名委員会等設置会社ですが，社外取締役を構成員の過半数とする委員会に指名・報酬・監査という3つの要素の主導権を握らせることに対する経営陣の抵抗感が強く，指名委員会等設置会社形態を採用している上場企業の割合は，2％程度にとどまっています[9]。

(3)　監査等委員会設置会社

　マネジメントボードモデルとモニタリングボードモデルのいずれのモデルも採用可能なハイブリッドな会社形態が**監査等委員会設置会社**です。監査役会設置会社がミニマムの手続で監査等委員会設置会社に移行すれば，監査を行う者が監査役か監査等委員である取締役かという違いはありますが，取締役会自体は，業務執行の意思決定機関としての側面が強いマネジメントボードモデルが

7　会社第362条第4項。
8　東証白書2023・17頁。
9　東証白書2023・17頁。

維持されます。他方で，取締役会の権限とされている重要な業務執行の決定権限[10]を特定の取締役に移譲することで取締役会決議事項をスリム化しつつ[11]，任意の委員会として指名・報酬（諮問）委員会を設置することで，指名委員会等設置会社の実態に近づけることが可能になります。

　監査役会設置会社の場合，社外取締役を中心としたモニタリング（監督機能）に軸足を置くことを考えたとしても，「重要な業務執行の決定」を取締役会において決定しなければならないという制約がある関係で[12]，「重要な業務執行の決定」に該当する事項であったにもかかわらず取締役会の決議を経ずに決定・執行されてしまったという事態が発生するのを恐れて取締役会決議事項を縮減することができず，マネジメント（意思決定機能）に軸足が置かれた状況を逃れにくいという問題があります。

　監査役会設置会社の形態を維持するよりも，取締役会決議事項をスリム化しやすい監査等委員会設置会社へ移行した方がモニタリングを重視した体制への移行を進めやすいこともあり，監査役会設置会社から監査等委員会設置会社へ移行する企業が増えています。2022年7月時点で，上場企業全体の36.9％が監査等委員会設置会社へ移行しており[13]，その数は増え続けています。

(4)　重要なのは形ではなく中身

　いずれの機関設計が優れているということはありません。監査役会設置会社であってもコーポレートガバナンスに関して高い評価を受け，企業価値を高めている企業もありますし[14]，指名委員会等設置会社であっても経営不振や不祥事によって企業価値や株価が低迷してしまった企業もあります。機関投資家は，監査等委員会設置会社や指名委員会等設置会社への移行をポジティブに捉えていますが[15]，機関設計の変更を行ったとしても，企業価値が高まらなければ取

10　会社第362条。
11　会社第399条の13第5項及び第6項。
12　会社第362条第4項。
13　東証白書2023・104頁。
14　日本取締役協会が主催するコーポレートガバナンスに関する企業表彰制度「コーポレートガバナンス・オブ・ザ・イヤー」の受賞企業には，TDK株式会社やオムロン株式会社など，監査役会設置会社も名を連ねています。

[図表4－1]　重要な業務執行の決定に関する取締役への委任状況[16]

（参考）重要な業務執行の決定に関する取締役への委任の状況

● 監査等委員会設置会社では、会社法の委任規定に基づき重要な業務執行の決定について取締役に委任している企業が多く、監査等委員会設置会社への移行を契機に業務執行の決定を取締役に委任する会社がかなりあるものと思われる

	監査等委員会設置会社	監査役設置会社
取締役に委任している（会社法399条の13第5項に基づく社外取締役が過半の場合の委任）	16.7%	－
取締役に委任している（会社法399条の13第6項に基づく定款の定めによる委任）	48.9%	－
取締役に委任してはいないが、法定事項に絞り込む傾向がある	8.9%	19.4%
取締役に委任してはいないが、「重要」、「多額」の解釈を変更して絞り込む傾向がある	16.2%	29.2%
特になし	23.7%	56.6%
その他	2.6%	5.9%

（備考）日本監査役協会会員のうち監査等委員会設置会社（1,003社）を対象に、2020年12月10日～2021年1月21日にかけて調査（有効回答数626社）

（出所）日本監査役協会「第21回インターネット・アンケート集計結果（役員等の構成の変化など）」（2021年5月17日）を基に経済産業省にて作成

締役会への評価が厳しいものになるのは言うまでもありません。逆に，企業価値を高め，それが株価に適切に反映されている状況を作れているのであれば，敢えて機関設計の変更を行う必要はなく，機関設計の変更を求めてくる投資家がいれば，現在の体制が機能していることを堂々と説明すればよいでしょう。

　海外機関投資家の株式保有比率が高まる中で，プライム上場企業を中心に，今後益々，モニタリングに軸足を置いた機関設計を採用する企業が増えていくと予想されますが，投資家のご機嫌取りのために形だけ整えてもほとんど意味がありません。企業価値を向上させていくためにはどのような体制・仕組みが自社にとって最適なのかを考え，実体作りを進めていくことが重要です。

3　取締役会の実効性評価

　コーポレートガバナンス・コード導入後，取締役会の実効性評価の実施と結果の開示が求められたことで，取締役会の実効性評価を行う実務が定着してきました。2022年7月時点で，プライム市場上場企業の91.7%（1,684社）が，スタンダード市場上場企業の57.8%（842社）が取締役会の実効性評価の実施と結果の開示を求める補充原則4-11③をコンプライしている状況です[17]。

> ### CGコード補充原則4-11③
> 　取締役会は，毎年，各取締役の自己評価なども参考にしつつ，取締役会全体の実効性について分析・評価を行い，その結果の概要を開示すべきである。

　しかし，各社で行われている実効性評価の取り組み状況を見ると，コーポレートガバナンス・コードの原則をコンプライするためだけに形式的な対応で

15　ISSの議決権行使助言基準（2024年版）では，指名委員会等設置会社への移行や監査役会設置会社から監査等委員会設置会社への移行に向けた定款変更について原則賛成の立場を示しています。

16　東証白書2023・104頁。

17　東証白書2023・104頁。

やり過ごしているように見えるケースが少なくありません。令和2年に行われたアンケート調査の結果によれば[18]、回答企業の約半数が、実効性評価の対象を取締役会のみとしており、各種の委員会や取締役個人の評価を行っている企業は少数にとどまっています。また、実効性評価の手法についても、取締役へのアンケートと回答した企業が大多数であり、取締役への個別インタビューと回答した企業は19%、社外役員による集団討議を行っていると回答した企業は12%、外部の第三者による評価を行っていると回答した企業は16%という結果にとどまっています。

　そもそも取締役会の実効性評価を行う目的は、取締役会が実効的な役割を果たすうえでの課題を見つけることにあるわけですが、取締役会が実効的な役割を果たすうえでの課題は、取締役会自体だけではなく、取締役個人や各種の委員会にある場合もあるでしょう。実効性評価の目的を考えれば、実効性評価を行うべき対象についても自ずと明らかになるはずです[19]。

　また、実効性評価の手法についても、実効性評価の質を高めるためには、アンケートのみで終わらせるのではなく、インタビューの実施まで行うべきでしょう。インタビューの実施による社外取締役への負担を考える必要はありません。そのぐらいの時間も確保してもらえないようであれば、そもそも実効的な役割を果たすことは期待できないからです。実効性評価の手法としては、第三者による評価を受けるのも、実効性評価が馴れ合いで行われることを防ぐうえで有益な方法です。UKコード2024では、FTSE350構成企業（時価総額上位350社）に対して、3年に一度、外部機関による評価を受けることを求めていますが[20]、日本でも、第三者による評価を受けるプラクティスが少しずつ普及し始めています[21]。ただし、客観的かつ公正な評価を行うべき第二者評価機関が、現経営体制を維持することにお墨付きを与えるだけの存在になっていない

18　PwC調査報告書・前掲注（4）14頁以下。

19　英国のコーポレートガバナンス・コードでは、各委員会や取締役個人も実効性評価の対象とされています（UKコード2024・条項21）。

20　UKコード2024・条項21。

21　2022年7月時点で、CGコード補充原則4−11③に基づく開示において、「外部評価（第三者機関、外部評価機関、弁護士等）の活用（今後の検討含む）」に言及している会社は22.6%（572社）となっています（東証白書2023・104頁）。

かは注意深く見守っていく必要があるでしょう。

　取締役会の実効性評価を行うことは，取締役会の課題を明らかにし，実効性を高めていくうえで重要なことではありますが，取締役会の実効性評価は，取締役会が抱える課題を自発的に認識・改善していくための一つの契機となるものに過ぎず，取締役会の実効性が確保されているか否かは，実効性評価の結果それ自体ではなく，業績や株価などの結果に表れるものだということを理解しておかなければなりません。「取締役会の実効性は概ね確保されております」との評価結果が公表されているケースも見られますが，稼ぐ力や株価が低迷している中で，取締役会の実効性は確保されていると言っても説得力はありませんし，将来成長が期待できる絵を描けていない長期ビジョンや中期経営計画を公表してしまっているのだとすれば，取締役会実効性評価の結果がどのようなものであったとしても，そのような長期ビジョンや中期経営計画を承認した取締役会には十分な実効性がないという評価を受けてしまうでしょう。

　コーポレートガバナンス対応には，手段が目的化しやすいという課題が随所に見られますが，取締役会実効性評価もその典型例の一つといえます。取締役会の実効性評価が形骸化することのないように，取締役会の実効性評価を行う意味を考え，中身の伴った取り組みを進めていくことが求められます。

4　社外取締役の実効性確保

(1)　社外取締役の責務と役割

　社外取締役[22]に求められる責務と役割を簡単に見ていきましょう。社外取締役の責務と役割は，コーポレートガバナンス・コードの原則4-7に記載されています。

22　社外取締役の社外性要件は会社法に規定されている一方，東証の上場規則には別途「独立役員」に該当するための独立性要件が定められており，上場企業は，社外性要件と独立性要件を充たした独立社外取締役を2名以上（プライム市場では3分の1以上）選任することが求められています（CGコード原則4-8）。概念としては社外性要件のみを充たした社外取締役とさらに独立性要件を充たした独立社外取締役がありますが，本書では，便宜上，両者を区別せずに「社外取締役」と表現しています。

CGコード原則4－7（独立社外取締役の役割・責務）

　上場会社は，独立社外取締役には，特に以下の役割・責務を果たすことが期待されることに留意しつつ，その有効な活用を図るべきである。

（ⅰ）経営の方針や経営改善について，自らの知見に基づき，会社の持続的な成長を促し中長期的な企業価値の向上を図る，との観点からの助言を行うこと

（ⅱ）経営陣幹部の選解任その他の取締役会の重要な意思決定を通じ，経営の監督を行うこと

（ⅲ）会社と経営陣・支配株主等との間の利益相反を監督すること

（ⅳ）経営陣・支配株主から独立した立場で，少数株主をはじめとするステークホルダーの意見を取締役会に適切に反映させること

　まずは，**経営戦略の策定等に関する助言**です。社外取締役には，経営の基本方針や事業戦略，財務戦略等が企業価値の向上に向けた合理的な内容となるように必要な助言を行うことが求められます。投資家から，期待外れと思われてしまう長期ビジョンや中期経営計画が公表されてしまっているケースが少なくありませんが，企業価値の向上が期待できる長期ビジョンや中期経営計画を策定するための助言や提案を行うことは社外取締役に求められる最も重要な任務といえるでしょう。長期ビジョンや中期経営計画策定後は，経営陣から状況の報告を受けつつ，目標の実現に向けた効果的な助言を行うことも社外取締役に求められる重要な役割です。

　経営の監督については，まず，策定された中期経営計画等にしたがって適切な経営が行われているのかをチェックし，経営陣が目標の実現に向けた適切な対応を行っていないようであれば，しっかり取り組むように促すことが求められます。また，中期経営計画等で設定された目標を業績連動報酬のKPIに連動させるなど，目標の達成に向けて経営陣を動機付けるための報酬設計を行うことや，達成状況が目標水準を著しく下回り，マクロ経済要因や同業他社との比較において合理的な説明が難しいような場合に，指名や報酬を通じた監督を行うことも社外取締役に求められる重要な役割といえます。

　利益相反の監督も社外取締役に求められる重要な役割です。支配株主が存在

する企業や創業家が強い影響力を有する企業の場合には，支配株主や創業家の意向が強く反映されることで企業価値や少数株主の利益が毀損される事態が懸念されるため，自社と支配株主等との取引条件が不当に支配株主等に有利になっていないかを検討し，これが疑われる場合には，少数株主の利益代表者として，経営陣に取引の必要性や合理性を説明させ，必要な場合には取引条件を是正させるなどの対応を取ることが求められます。

　従業員をはじめとする**株主以外のステークホルダーの意見を経営に反映させることも**社外取締役に求められる重要な役割の一つです。近時，ステークホルダー重視の姿勢を経営の基本方針に盛り込んだり，サステナビリティやESGに関する経営目標を中期経営計画に掲げたりする企業が増えてきていますが，その際に，中長期的に企業価値を高めていくうえで重要となるステークホルダーの利益が適切に考慮されるように助言を行うとともに，その目標の実現に向けて経営陣が適切な対応を行っているかを監督していくことも社外取締役に求められる重要な役割です[23]。

(2)　社外取締役の課題

　会社法によって社外取締役の設置が義務付けられたことやコーポレートガバナンス・コードによって2名以上の独立社外取締役の設置が求められたことを受け，社外取締役の数が増えてきましたが，今度は，質の問題が出てきました。

　コーポレートガバナンス・コードが導入された2015年以降，上場企業各社で多くの社外取締役が選任され，経営陣への助言や監督を通じて企業価値を高めていくことが期待されましたが，上場企業全体で見ると，稼ぐ力や株価は低い水準を脱することができませんでした。それには，パンデミックや地政学上のリスクなどの様々な要因が絡んでおり，全ての責任が社外取締役にあるという

---

[23]　英国では，従業員の意思を経営に反映させることが重要な経営課題となっており，コーポレートガバナンス・コードにおいて，従業員の中から取締役を指名するなど，経営への従業員意思の反映に向けた対応を行うことが求められています（UKコード2024・条項5）。日本のコーポレートガバナンス・コードにこのような要請はありませんが，中長期的な企業価値の向上に向けて必要と考えるのであれば，従業員をはじめとする自社の重要なステークホルダーの意思をよく理解している者を取締役会のメンバーに加えるという対応もあってよいでしょう。

わけではありませんが，社外取締役が実効的な役割を果たせなかったことも，稼ぐ力や株価が高まらなかった一つの要因となっていることは確かでしょう。"お飾りの社外取締役"などとも言われたりしますが，稼ぐ力や株価が低迷する中で，状況の打開に向けた効果的な経営が行われておらず，そのことについて十分な説明もなされていないということであれば，社外取締役は責任を果たしていないと言われてしまうのも無理もないことです。

　社外取締役が実効的な役割を果たすためには，選任された社外取締役が，独立性と資質の双方を兼ね備えていなければなりません。

CGコード原則4−9　（独立社外取締役の独立性判断基準及び資質）

　取締役会は，金融商品取引所が定める独立性基準を踏まえ，独立社外取締役となる者の独立性をその実質面において担保することに主眼を置いた独立性判断基準を策定・開示すべきである。また，取締役会は，取締役会における率直・活発で建設的な検討への貢献が期待できる人物を独立社外取締役の候補者として選定するよう努めるべきである。

　独立性と資質のうち，独立性については，東京証券取引所が独立性基準を定めているほか，議決権行使助言会社や機関投資家も独自に独立性基準を定めているため，選任された社外取締役が独立性を備えていることについては，一応の制度的な担保がなされています。しかし，形式的には独立性基準を充たしているものの，経営陣と旧知の中にある者が選任されてしまえば，実質的には独立性基準は充たされていないことになってしまいますし，経営陣との個人的な関係は外部からは容易に窺い知ることができません[24]。独立性基準によって一定程度社外取締役の独立性は確保されていますが，独立性が要求されている趣旨を容易に潜脱することができてしまうため，独立性基準も万能ではありません。

　資質については，独立性のような制度的な担保はなく，どのような知見やス

---

[24]　2019年に行われた調査では，回答した社外取締役のうち約2割が，CEO・役員の個人的知人・友達であると回答しています（経済産業省「社外取締役の現状について（アンケート調査の結果概要）」〔2020年5月13日〕43頁）。

キルをもった人材を候補者として指名するかは各社取締役経営陣の人選に委ねられています[25]。近時，取締役会構成員のスキルを図表で表したスキルマトリックスが普及してきており，候補者のスキルを意識した人選が行われるようになってきましたが，形式的にスキルマトリックスが埋められているだけで，企業価値向上に向けた実効的な役割を果たすことのできる者が選任されているか疑わしいケースも少なくありません。

　社外取締役は，独立性，資質いずれの面でも多くの課題を残しています。

(3)　社外取締役に求められるスキルは何か

　社外取締役には，独立性と資質の双方が求められますが，とりわけ重要になるのは資質です。社外取締役の役割を考えれば，独立性を備えていることは重要なことではありますが，そもそも必要なスキルや知見をもっていなければ企業価値向上に向けた実効的な役割を果たすことは期待できないからです。

　では，企業価値向上に向けた実効的な役割を果たすうえで社外取締役にはどのようなスキルや知見が求められるのでしょうか。

　まず，**ビジネス**に関する知識や経験が必要なことに疑いはないでしょう。実際，選任されている社外取締役のバックグラウンドを見ると，日本のみならず，米国や英国においても同業他社などでの経営経験を有する者が多数を占めています。

　会計に関する知見も重要です。計算書類の承認は，取締役会の重要な責務の一つであり[26]，不適切な会計処理が行われることのないように，取締役会のメンバーとして目を光らせることも，社外取締役に求められる重要な役割の一つです。

　ビジネスと会計については，多くの上場企業において，専門的な知識や高いスキルをもった人材が社外取締役として選任されており，実質的にもスキルマ

25　コーポレート・ガバナンス・システム研究会（第3期）では，「社外取締役には独立性
　　基準に加え，適格性基準が必要ではないか。適格性としては，法務・コーポレートファイ
　　ナンスの知識といった基礎知識に加え，監督者としての役割・資質も求められるのではな
　　いか。」が今後の検討課題として位置付けられています。
26　会社第436条第3項。

トリックスは埋められているケースが多いように思われます。しかし，企業価値を高めていくためには，この２つの領域を埋めるだけでは足りません。**稼ぐ力や株価を高めていくためには，コーポレートファイナンスや投資，資本市場等に関する知見が必要**になります。日本企業と英米企業の取締役の保有スキルを比べると，日本企業におけるファイナンスや投資に関するスキルを保有する取締役の割合の低さが際立っていますが[27]，特にいわゆるバリュー株（割安株）といわれる状況にあるような中小型上場企業の取締役会には，これらの知見やスキルが不足しているケースが多いように見受けられます。そもそも企業価値や資本コストの意味を理解しているメンバーが１人もないということになると，株価が割安となってしまっている状況の改善は期待できませんから，コーポレートファイナンスや投資，資本市場等に関する知見・スキルをもった人材を取締役会の構成員とすることは企業価値を高めていくうえでの必要最低条件と認識するべきでしょう。

　コーポレートガバナンスに関する知見・スキルも重要です。不祥事等によって企業価値が毀損されることを防ぐとともに，少数株主やその他のステークホルダーの利益を考慮しつつ，資本収益性や成長性を高める経営が行われるように取締役経営陣を監督していくためには，関連する法令やガイドライン，それらの背景にある問題点を深く理解している者が取締役会の構成員として議決権を握っておくことが重要になります。

　参考までに，**英国上場企業の取締役のスキル**を見てみましょう。図表４－２は，英国の中小型上場企業における取締役の主なスキルのうち，会社が充たされていると判断した専門性の一覧です。

　ビジネスや会計に関する専門性に次いで，コーポレートガバナンス，コーポレートファイナンス，資本市場の３つの専門性が７割を超えており，①ビジネス，②会計，③コーポレートガバナンス，③コーポレートファイナンス（財

27　英国FTSE100や米国S&P100構成企業では，取締役の６割〜７割が「ファイナンス」と「投資」のスキルを保有しているのに対し，日本のTOPIX100構成企業では，これらのスキルを保有している取締役は２割程度にとどまっています（ボストンコンサルティンググループ「令和３年度産業経済研究委託調査事業『コーポレートガバナンス改革に係る内外実態調査』最終報告資料」〔2022年３月〕36頁）。

務），⑤資本市場の5つの分野が，取締役に求められる必須の専門性として認識されていることが伺えます。

　英国では，これらの主要な専門性が充たされている前提で，サイバーセキュリティやESGに関する専門性を補充することが課題となっています[28]。日本でも，ITやサイバーセキュリティ，ESG対応の重要性が高まる中で，これらの専門性を有する社外取締役を選任する動きが見られますが，まず埋めるべきは，上記5つの専門性です（もちろん企業のビジネスモデルに応じて優先順位の高い専門性は変化します）。特に企業価値を高めていくという攻めの部分では，

【図表4－2】　英国取締役会メンバーの専門性（中小型上場企業）[29]

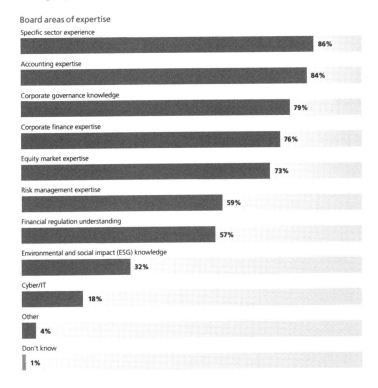

28　Quoted Companies Alliance, '2022 Non-Executive Directors Survey' p.12。
29　Quoted Companies Alliance・前掲注（28）p.11。

コーポレートファイナンスや投資，資本市場の専門性が不可欠であり，資本収益性や株価が低迷している企業は，まずはこれらの専門性をもった人材を確保することに注力するべきでしょう。

　また，近時，社外取締役には，投資家との対話においても主体的な役割を果たすことを求める声が広がってきていますが，コーポレートファイナンスや，投資，資本市場に関する理解がなければ，投資家との対話は成立しませんので，社外取締役が投資家と建設的な対話を行うためには，これらのスキルをもっていることが欠かせないでしょう。

⑷　スキルマトリックスと士業の専門性

　社外取締役に選任される者のうち，経営経験者に次いで多いのが，弁護士と公認会計士です。「財務・会計」，「法務・リスクマネジメント」等のスキルマトリックスを充たしつつ，女性取締役の選任を求める機関投資家の議決権行使基準を充たすことができることもあり，女性の弁護士や公認会計士を選任する企業が多く見られます。

　弁護士や公認会計士は社外取締役の担い手になり得る存在であり，現に，多くの弁護士や公認会計士が社外取締役として選任されていますが（図表4－3），社外取締役に必要な知見やスキルをもった人材を登用するためには，前提として理解しておくべきことがあります。

■「財務会計」と「コーポレートファイナンス」

　各社で開示されている取締役会のスキルマトリックスを見ると必ず存在するのが「財務会計」という項目です。財務担当取締役や公認会計士資格をもつ社外取締役によって「財務会計」のスキルが埋められているケースが多く見られます。取締役会に「財務会計」のスキルをもったメンバーが存在する必要があるという点について争いはないと思いますが，各社のスキルマトリックスで示されている「財務会計」という項目でカバーされているスキルが"Accounting"（会計）だけなのか，"Corporate Finance"（**財務・コーポレートファイナンス**）のスキルまでカバーされているのかについては注意深く見ていく必要があ

【図表4－3】　社外取締役のバックグラウンド（属性）[30]

図表31　社外取締役の属性（東証上場会社）

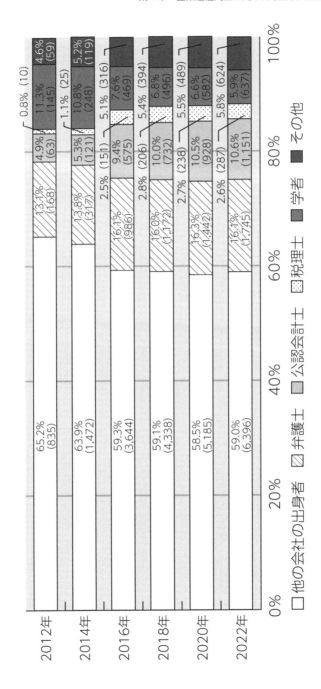

凡例：□他の会社の出身者　▨弁護士　▨公認会計士　▨税理士　■学者　■その他

ります。

　先に見た英国における社外取締役のスキル一覧（図表4−2）を見ると，"Accounting"と"Corporate Finance"が別の概念として整理されていることがわかりますが，Accountingは，企業の収支や財政状況を管理し，財務諸表などの形で株主などの利害関係者に報告することを目的とする概念であるのに対し，Corporate Financeは，企業価値の最大化に向け，資金を調達し，事業へ投資をし，調達元である債権者や株主に返済・還元していく活動を指す概念であり，両概念の意味内容は大きく異なります。

　不適切な会計処理が行われることがないよう，Accountingの専門家である社外取締役が取締役会に入って目を光らせておくのは企業価値の毀損を防ぐという守りの面では重要なことではありますが，積極的に企業価値を高めていく攻めの部分では，Accountingではなく，Corporate Financeのスキルをもった人材が必要となります。対話ガイドラインでは，持続的な成長と中長期的な企業価値の向上に実効的に寄与していくために社外取締役に求められる知見として「資本効率などの財務に関する知識」を例示することで，この攻めの部分でのCorporate Financeのスキルを持った人材を社外取締役に選任することを求めています[31]。

　「財務会計」のスキルマトリックスを埋める存在として大きな役割を果たしているのが公認会計士ですが，公認会計士はAccountingの専門家であって，必ずしもCorporate Financeに関して専門的な知見を有しているわけではありません。また，融資の実務経験を豊富に有する銀行出身者も，デット（銀行からの借り入れによる資金調達）の専門家であって，エクイティ（株式市場での資金調達）も含めたCorporate Financeの専門家というわけではありません。もちろん，公認会計士や銀行出身者の中にはCorporate Financeに精通した方も多くいらっしゃいますが，少なくとも，公認会計士や金融機関出身者という肩書があれば，当然にCorporate Financeのスキルマトリックスが埋まるわけではないということは理解しておく必要があるでしょう。

31　対話ガイドライン3−8【独立社外取締役の選任・機能発揮】。

■社外取締役として弁護士を選任する意義

　弁護士を社外取締役に選任する場合にも注意すべきことがあります。多くの上場企業で弁護士が社外取締役に選任されていますが，弁護士は，一般に，「法務・コンプライアンス」の専門家であって，「コーポレートガバナンス」の専門家であるわけではありません。もちろん，コーポレートガバナンスが関わる法令やガイドラインの内容を把握しておくことは重要なことであり，その意味で，弁護士はコーポレートガバナンスの専門家になり得る存在ではあるわけですが，コーポレートガバナンスの領域で専門的な知見を持っている弁護士の数はそれほど多くないのが実情でしょう。いわゆるコーポレートロイヤーと呼ばれる弁護士も，その多くは，M&A法務やコンプライアンス対応が業務の中心となっており，必ずしもガバナンスに関する専門的な知見や豊富な経験を有しているわけではありません。ガバナンスの強化を目的に弁護士を社外取締役として選任する場合には，ガバナンスに関する専門性を有しているかを慎重に判断する必要があるでしょう。

　ガバナンスとは別に，法務・コンプライアンスのスキルを役員レベルで確保することが重要であると考えるのであれば，まずはCLO（チーフリーガルオフィサー）やCCO（チーフコンプライアンスオフィサー）などの法務・コンプライアンス担当役員を設置することで，法務・コンプライアンス体制の強化を図ることを考えるべきです。全社的な法務・コンプライアンス体制の強化を図るには，力のある法務・コンプライアンス担当役員を設置して，人員・予算の強化に努めることが欠かせませんので，社外取締役に弁護士を選任すれば法務・コンプライアンス体制が強化されるなどと安易に考えることのないように注意が必要です。

　弁護士を社外取締役に登用することについてネガティブな話をしてきましたが，弁護士が社外取締役の担い手になり得る存在であることは確かです。たとえば，指名委員会等設置会社や監査等委員会設置会社において，社外取締役として監査委員や監査等委員の役割を担ってもらう場合や，支配株主や創業家株主の存在によりエージェンシー問題が強く懸念されるような場合には，ガバナンスに精通した弁護士を社外取締役として選任することに合理性があるといえるでしょう。

⑸　自社に必要なスキルをもった人材を登用することが重要

　スキルマトリックスや士業の専門性に対する企業側の誤解は，投資家も認識しています。たとえば，多額の内部留保を抱え，資本収益性が低く，株価が低迷している状況の企業が，「新たに銀行出身者，公認会計士，弁護士の3名の社外取締役を選任してモニタリング機能を強化する」という対応を取ったとしても，企業価値向上に向けた社外取締役の貢献はあまり期待できないと思われてしまうでしょう。

　コーポレートファイナンスや投資，資本市場の専門家が取締役会のメンバーに入っていない場合には，これらの専門性を有する者を候補者とする株主提案がなされる可能性がありますが，その際，株主提案の候補者と会社提案の候補者のどちらが企業価値を高めてくれる存在であるのかを考えれば，株主提案の候補者の方に分があるということもあるかもしれません。株主提案がなされるような事態を避けたいのであれば，平時から，自社に必要な社外取締役のスキルが何かをよく考え，必要なスキルをもった人材を社外取締役として選任しておく必要があるでしょう。

⑹　社外取締役のコミットメントの強化に向けて

　企業価値の向上に向けて取締役会の実効性を高めていくためには，必要なスキルをもった社外取締役を選任するだけでは足りません。選任された社外取締役が，自身に課せられた役割を適切に果たしていくことが必要です。

■社外取締役の稼働時間

　社外取締役の方々は毎月どのぐらいの時間働いているのでしょうか。社外取締役の稼働時間を見てみましょう。

　図表4－4は，2019年11月から2020年1月にかけて行われた調査の結果ですが，取締役会の出席時間を除く活動時間が10時間以下という者が，回答者全体の約3分の2を占めており，取締役会への出席以外に費やされている時間は多くありません。取締役会への出席以外には，各種の委員会への出席のほか，資料の事前検討と議事録のチェックが行われているだけというのが実態であるように思われます。

【図表 4 − 4 】　社外取締役の活動時間32

社外取締役の活動時間

社外取締役の実態

- 全体では、取締役会の出席時間を除き、1ヶ月で「5時間以下」が32%、「10時間以下」が64%。
- 機関設計別では、指名委員会等設置会社の社外取締役が業務にコミットする時間が長い傾向。
- 取締役会議長または指名委員会等の委員長を務める社外取締役も長時間コミットする傾向。

(社外取締役向け) 問 3 1．貴方は、取締役会の出席時間を除き、当該企業の社外取締役としての業務に 1 ヶ月あたり何時間を費やしていますか。

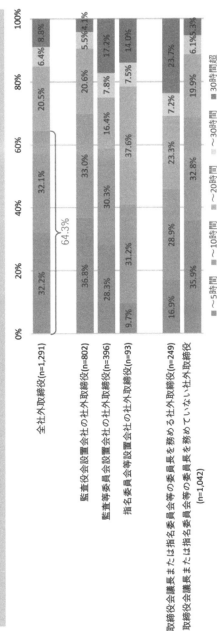

　しかし，社外取締役に求められる活動は，取締役会や各種委員会への出席を通じた助言・監督だけではありません。非公式なミーティングを通じた経営陣との対話や，社外取締役間における協議・意見交換，取締役会事務局その他コーポレートガバナンス関連部門との協議・意見交換，現場の視察，投資家や従業員その他のステークホルダーとの対話など多岐にわたります。社外取締役に就任した者がどれだけ実効的な役割を果たせるかというのは，個人の資質や能力によるところもあり，単純に稼働時間だけで図れるものではありませんが，社外取締役としての役割を果たすためには，取締役会や各種委員会への出席以外の活動にも一定程度の時間を割くことが不可欠でしょう。

　社外取締役に取締役会や各種委員会への出席以外の活動をお願いすることに遠慮する必要はありません。2020年12月〜2021年1月にかけて行われた調査の結果では，社外取締役が投資家との対話に参加することについて，回答企業の約7割が，社外取締役の負担が重くなり過ぎることが課題であると回答しており[33]，企業側が社外取締役に遠慮をしている様子が窺えます。社外取締役が投資家との対話に参加できない要因には，社外取締役の知識やスキルの不足などの問題もありますが，投資や資本市場に関する知見をもった社外取締役を登用できているのであれば，遠慮せずに，投資家との対話への参加を求めるべきでしょう。

■兼任の問題

　兼任の問題もあります。近時，社外取締役の担い手が不足する中で，複数の社外役員を兼任する者が増えてきていますが，本業を抱えながら，多くの企業で社外取締役を兼任することになれば，取締役会の出席以外にまとまった時間を社外取締役としての活動に割くことは難しい場合が多いと思われます。社外取締役の数の確保はある程度進んできましたから，今後は，社外取締役のコミットメントの強化に向けた対策を強化することが重要になるでしょう。社外役員の兼任については，コーポレートガバナンス・コードにおいて，「取締役・監査役が他の上場会社の役員を兼任する場合には，その数は合理的な範囲にと

どめるべきであり，上場会社は，その兼任状況を毎年開示すべきである」と明記されており[34]，多くの企業において兼任状況の開示がなされていますが，兼任数の上限や目安について，具体的な数値まで開示している企業は極少数にとどまっています[35]。

　社外取締役の担い手が不足する中で，今後益々，複数の企業で社外役員を兼任する者が増えてくると予想されますが，社外取締役のコミットメントを強化するためには，兼任制限について自社の方針を明確にしておく必要があるでしょう。

■アポイントメントレターの活用

　社外取締役のコミットメントを高める方法としては，社外取締役の選任時に，求められる役割や目安となる稼働時間などを定めておくという対応が有用です。社外取締役に就任するにあたって，会社と交わされる書面は，就任承諾書と責任限定契約のみというのがこれまでの一般的な実務でしたが，社外取締役に自身の役割を自覚させ，求められている役割を適切に果たしてもらうためには，社外取締役の責務や役割，活動日数などを明記したアポイントメントレターを交わす対応が考えられます[36]。

　英国では，こうしたアポイントメントレター（図表4-5）を交わす対応が一般的な実務となっており，日本でもこうした実務が普及していくことが望まれます。

(7)　サポート体制の重要性

　社外取締役が実効的な役割を果たすためには，サポート体制も重要になります。コーポレートガバナンス・コードに，「人員面を含む取締役・監査役の支援体制を整えるべき」（原則4-13）と記載されているほか，「社外取締役向け研修・トレーニングの活用の8つのポイント」（経済産業省）においても，「社

34　CGコード補充原則4-11②。

35　東証のアンケート調査では，兼任数の上限や目安についての具体的な数値を開示している企業の割合は回答企業の3.2％にとどまっています（東証白書2023・46頁）。

36　当然のことながら，アポイントメントレターを交わすためには，会社側としても，各取締役に求める役割や機能を明確にできていなければなりません（CGSガイドラインの3.2,【別紙1：社外取締役活用の視点】2．参照）。

外取締役に対して研修等に限らず，広く充実したサポートをするためには，企業において実務を担う取締役会等の事務局の役割が重要である。」として取締役会事務局の強化を求めています[37]。

　しかしながら，社外取締役の支援などの役割を担う取締役会事務局やコーポレートガバナンス担当部門に十分なリソースが割かれていないのが多くの上場企業の実情であり，取締役会事務局やコーポレートガバナンス担当部門を強化することが実務上の重要な課題となっています[38]。

　取締役会事務局やコーポレートガバナンス担当部門の問題については，次章で詳しく見ていきます。

5　Board 3.0の議論からの示唆

　2022年に，プライベートエクイティファンド[39]（以下「PEファンド」といいます）が投資先で行っているコーポレートガバナンスの手法を上場企業のガバナンスにも取り入れるという，Ronald J. Gilson教授（コロンビア大学・スタンフォード大学）とJeffrey N. Gordon教授（コロンビア大学）が提唱するBoard 3.0の考え方が議論を呼びましたが，このBoard 3.0の考え方には，取締

37　経済産業省「社外取締役向け研修・トレーニングの活用の8つのポイント」（2023年6月30日）25頁。

38　令和4年11月〜令和5年1月にかけて行われた調査では，社外取締役への情報提供・サポートにおける課題認識として「社外取締役の招聘に向けた準備や就任後のトレーニング・情報提供の機会を充実させるためには取締役会事務局の力が必須。企業として取締役会の実効性の向上に本気で取り組むのであれば，取締役会を運営する体制をセットで考えなければならない。」，「社外取締役をサポートするにあたって取締役会事務局の体制が重要であり，リソースを確保する必要があるが，間接部門であるが故にあるべき人数を定めにくく人材配置が劣後する傾向にある。」とのコメントが寄せられています（デロイト トーマツ コンサルティング合同会社「令和4年度産業経済研究委託事業（社外取締役の研修やトレーニングに関する調査）調査報告書」〔令和5年3月〕27頁）。

39　複数の機関投資家や個人投資家から集めた資金を基に事業会社や金融機関の未公開株を取得し，同時にその企業の経営に深く関与して「企業価値を高めた後に売却」することで高いIRR（内部収益率）を獲得することを目的とした投資ファンド（フリー百科事典『ウィキペディア（Wikipedia）』〔最終アクセス2023年11月25日〕より）。

40　英国ICSA（現The Chartered Governance Institute UK & Ireland）：Sample non-executive director's appointment letterより。

【図表4－5】　非業務執行取締役アポイントメントレターサンプルの抜粋[40]

2　Time Commitment

2.1　You will be expected to devote such time as is necessary for the proper performance of your duties and you should be prepared to spend at least [number of days] days per [month/year] on company business after the induction phase. This is based on preparation for and attendance at:

- scheduled Board meetings;
- [Board dinners];
- [the annual Board strategy away-day(s)];
- the AGM;
- [site visits];
- meetings of the non-executive directors;
- meetings with shareholders;
- updating meetings/training; and
- meetings as part of the Board evaluation process.

3　Duties

3.4　You will have particular regard to the FRC's UK Corporate Governance Code 2018 and associated Guidance on Board Effectiveness in respect of the role of the board[4] and the role of the non-executive director.

In your role as non-executive director you will be required to:

- constructively challenge and help develop proposals on strategy;
- scrutinise the performance of management in meeting agreed goals and objectives and monitor the reporting of performance;
- satisfy yourself on the integrity of financial information and that financial controls and systems of risk management are robust and defensible;
- determine appropriate levels of remuneration of executive directors and have a prime role in appointing and, where necessary, removing executive directors, and in succession planning;
- devote time to developing and refreshing your knowledge and skills;
- uphold high standards of integrity and probity and support me and the other directors in instilling the appropriate culture, values and behaviours in the boardroom and beyond;
- insist on receiving high-quality information sufficiently in advance of board meetings; and
- take into account the views of shareholders and other stakeholders where appropriate.

役会の実効性を高めるうえでの重要な指摘が多々盛り込まれており，参考になります。まずは，Board 3.0の概要を見てみましょう[41]。

　米国の上場企業では，当初，社長とその関係者からなるアドバイザリーボードが普及していましたが（Board 1.0），経営者による不正行為を抑制できなかったことを踏まえ，1970年代から独立社外取締役を中心とするモニタリングボード（Board 2.0）が普及していき，現在に至っています。しかし，そのモニタリングボードも，独立社外取締役が非常勤であることからくる時間的制約や固定報酬による意欲の低さなどの問題によって，企業戦略・業務遂行実績の監督という点で十分な成果を上げられていないことが指摘されるようになり，新たな取締役会の在り方としてBoard 3.0が提唱されることになりました。

　Board 3.0として想定されているのは，現在のBoard 2.0モデルの取締役と，経営陣の戦略と業務遂行実績の監督を専門的に担当する権限を与えられた取締役（「3.0取締役」）が混在する取締役会で，十分な情報を与えられ，その企業への関心が極めて高い3.0取締役（主として中堅のプロフェッショナル）が，任期を限定する形で取締役会に参画することで，企業価値を高めていくことが期待できるとされています。

　Board 3.0の考え方については，PEファンドが投資先の企業価値を高めているのは，企業価値の向上に向けた道筋が見えている投資先を見極める目利き力によるものであり，そうした道筋の見えない白紙の状態で企業価値を高めるノウハウを有しているわけではないなどの批判がなされており[42]，実務上も，Board 3.0が普及するには至っていません。しかし，参考になる部分はあります。

　一つは，PEファンドの発想や経営手法のエッセンスを取り入れるという点です。PEファンドは，出資者から調達した資金と自らのノウハウを活用して，一定の投資期間内に株価を高めるために，構造改革や事業再編等を行いながら

---

[41]　以下，Board 3.0の内容については，宍戸善一監訳者「Board 3.0（取締役会3.0）：上場企業がプライベート・エクイティ（以下「PE投資」）のガバナンスモデルから学ぶべきもの（https://www.rieti.go.jp/jp/projects/trinity_management/data/column_03_paper_ja.pdf）に依った（最終アクセス2023年4月30日）。

[42]　倉橋雄作「Board 3.0議論の本質―取締役会の自律的進化に向けて―」旬刊商事法務2293号（2022）6頁。

企業価値を向上させていくわけですが，こうしたPEファンド的な発想や経営手法を取り込むことは，企業価値を高めていくうえで有益なことと思われます。コーポレートファイナンスや投資，株式市場に関する知見やスキルをもった人材を取締役会のメンバーに加える必要があることは本書でも既に指摘したとおりですが[43]，PEファンドのマネージャー経験者やこれと同等の知見・スキルをもつ人材を社外取締役として向かい入れることで，これらの専門性に関するスキルマトリックスを埋めることは，取締役会の実効性を高めるための一つの有益な方法であるといえるでしょう。

　Board 3.0の議論は，モニタリングモデルの弱点である独立社外取締役が非常勤であることからくる時間的な制約やコミットメントの弱さへの対処という点でも有益な示唆を与えてくれています。この点，先に見た，英国における社外取締役のプラクティスのように，アポイントメントレターを通じて，取締役会への出席以外にも具体的なタスクを課すとともに，役割を果たすために必要な稼働時間を明記する対応は，社外取締役を有効活用するうえでの一つの有益な取り組みであると考えられます。社外取締役に求められるタスクや稼働時間に関するやり取りをする中で，候補者の資質や意欲を窺い知ることもできるはずですから，実効的な役割を果たすことのできる人物であるかどうかを見極めるためにも，選任前に，具体的なタスクや稼働時間について十分に話し合っておくのが有益でしょう。

　なお，Board 3.0の議論に関連して，自社に出資をしている投資家の中から社外取締役を受け入れることの是非についての議論があります。企業価値の向上に向けて有益な助言や監督が期待できるとして，投資家株主から取締役を選任している企業もありますが，投資家株主から取締役を受け入れることについては，一般株主との利害の不一致や情報管理の問題など，実務上留意すべき事項が存在するため，CGSガイドラインにおいて，投資家株主から取締役を選任する際の留意点が示されています[44]。

43　本書182頁参照。
44　CGSガイドライン【別紙3：投資家株主から取締役を選任する際の視点】80頁参照。
45　経済産業省「CGS研究会（第3期）第1回事務局説明資料」（2021年11月16日）49頁。

196 第4部 企業価値向上に向けた取締役会・コーポレートガバナンス対応部門の在り方

【図表4－6】　投資家からの取締役の受入れ事例[45]

近時の投資家からの取締役の受け入れ事例

会社名	役職	取締役が所属・関係している投資家	就任日	選任理由
オリンパス	社外取締役	Value Act	2019.6	グローバルな資本市場やヘルスケア業界における知見をもってグローバル企業の変革を支援した実績を有し、株主の声を経営に反映することで、企業価値向上に貢献すると判断
JSR	社外取締役	Value Act	2021.6	グローバルに経営管理、事業変革、拡大等に携わってきた豊富な経験、国際的な視野、社外の視点を、取締役会での重要な意思決定および職務執行の監督ならびにコーポレートガバナンスの強化に活かし、経営判断の合理性、経営の透明性、健全性の確保を通じて企業価値の継続的向上に貢献することを期待
東芝	社外取締役	Farallon Capital Management	2019.6	投資ファンドにおける経験から事業ポートフォリオ、事業再構築、M&A、資本市場や資本配分の専門性を取締役会にもたらすことができ、基本戦略の審議に有益な貢献と経営に対する適切な監督が期待される
川崎汽船	社外取締役	Effissimo	2019.6	企業価値向上の取り組みに関する豊富な経験と高い見識を有しており、株主の視点から経営及び業務遂行に対する適切な助言・監督を行うことにより、中長期的に企業価値を向上させ、一般株主を含めた全てのステークホルダーの期待に応えることができるものと判断
富士通	社外取締役	いちごアセットマネジメント	2020.6	機関投資家として投資先企業との対話を行ってきた経験を持ち、株主・投資家の立場からの監督と助言が期待できる
ビジョン	社外取締役	みさき投資	2015.4	経営コンサルティング会社及び投資運用会社における豊富な経験で培った企業経営に関する高い知見しており、当社の経営戦略に対する助言、当社のコーポレート・ガバナンスの向上に活かせるものと判断

※各社公表資料、報道等をもとに作成。既に当該投資家による投資が終了している事例も含む。

【コラム⑤● "お飾り"の社外取締役にならないために】

　取締役会において，社外取締役が自身の職責を果たすためには，社外取締役のスキルや知見も重要ですが，どんなに優れたスキルや知見を有していたとしても，取締役会に出席して当たり障りのない発言をしているだけでは意味がありません。社内取締役が多数派を占める取締役会では，社内取締役と取締役会事務局で，社外取締役が自由に発言できる空気を作ることが重要なのは言うまでもありませんが，社外取締役も遠慮せずに積極的に発言を行う心構えを持つことが重要です。「本当は○○だと思うが，議論の方向性から求められている回答は××だから○○とは言えないな」などと考えてしまうと，言いたいことを伝えられずに終わってしまい，これではどんなに優れたスキルや知見をもっていたとしても，実効的な役割を果たすことはできません。思っていることは率直に発言するべきでしょう。多様なバックグラウンドを持つメンバーが自由闊達に意見交換を行うことで議論を深めることが可能になり，取締役会の実効性を高めることに繋がります。もちろん，自分の意見に固執してはいけません。目的は，取締役会として会社にとって最良の結論を出すことですので，柔軟性を持ちつつ，建設的な議論をするために，積極的に議論に加わる姿勢を持つことが重要です。

　勉強を継続することも忘れてはいけません。社外取締役として企業価値の向上に貢献していくためには，自身の専門分野に関する知見を深めるだけでなく，経営やファイナンス，投資，会計，法務・コンプライアンスなどの周辺領域に関する知見も一定程度身に付けていく必要があります。近時，社外取締役やその候補者向けに研修プログラムを提供するサービスなども普及してきていますので，社外取締役として必要な知見を身に付けるためにはそうしたサービスなどを活用するのも有用でしょう。また，経済産業省が公表した「社外取締役向け研修・トレーニングの活用の8つのポイント，社外取締役向けケーススタディ集─想定される場面と対応─」にも有益な内容が多く記載されており，参考になります。

　社外取締役が企業価値の向上に向けてどのような役割を果たしているのか，投資家から厳しい目で見られるようになってきており，株主総会で株主からの質問に自ら答えなければならないという場面も増えてくると予想されます。最近では，社外取締役が解任されるケースも見られるようになってきており，"お飾りの社外取締役"でいると，高い代償を払わされるリスクもあります。会社のためにも，株主のためにも，自分自身のためにも，"お飾りの社外取締役"でいることは百害あって一利なしですので，日々自己研鑽に励みつつ，積極的かつ能動的な姿勢で職務にあたることが重要です。

第2章

企業価値向上に向けた コーポレートガバナンス対応 部門の在り方

Questions

- なぜ取締役会事務局やコーポレートガバナンス対応部門が重要なの？
- 取締役会事務局はどのような役割を担うべきなの？
- 英国のコーポレートガバナンス実務はどのようなものなの？
- コーポレートガバナンス対応部門を強化するにはどうすればよいの？
- 法務・コンプライアンス部門の担うべき役割は？

概　要

　取締役経営陣が企業価値向上に向けた経営を行うように助言，監督するのが取締役会（主として社外取締役）の責務・役割であり，コーポレートガバナンス対応の表の主役は取締役会であるといえます。しかし，取締役会のトレーニングや社外取締役の支援などのコーポレートガバナンス対応を実務レベルで遂行していくのは，取締役自身ではなく，取締役会事務局やコーポレートガバナンス関連部門（以下，総称して「コーポレートガバナンス対応部門」といいます）であり，取締役会の実効性が確保されるか否かは，コーポレートガバナンス対応部門の力量にかかっているといっても過言ではありません。その意味で，コーポレートガバナンス対応部門は，コーポレートガバナンス対応の影の主役であるといえるでしょう。

　本章では，コーポレートガバナンス対応の影の主役であるコーポレートガバナンス対応部門の強化に向けた現状の課題と求められる対応を見ていきます。

1　取締役会事務局に見られる役割の変化

　これまで，取締役会事務局の業務といえば，取締役会議事録の作成や日程調整，取締役会の年間スケジュールの作成などの事務的な作業が中心でしたが，近時，取締役会事務局の役割に変化が生じています。

　公益社団法人商事法務研究会が2019年に行った取締役会事務局アンケート調査によると，取締役会事務局の業務は，依然として，取締役会議事録作成などの受動的かつ事務的な作業の割合が高くなっていますが，取締役会実効性評価の実施・とりまとめ（72.7%）や，議案立案部署が作成した取締役会議案・資料のチェック・アドバイス・修正（69.1%），社外取締役・監査役等からの質問や情報請求への対応（63.9%），など，取締役会の実効性確保に向けた主体性の求められる業務の割合も高くなってきています[46]。

　取締役会事務局の業務が多様化・複雑化してきている背景には，コーポレートガバナンス・コードの導入があります。コーポレートガバナンス・コードでは，取締役会の実効性評価を行うことが求められていますが（補充原則4－11③），各取締役が自己評価を行うにしても，評価項目の策定や実施結果のとりまとめ，分析などの作業には，実務担当者のサポートが必要になるため，誰かがこの役回りを引き受けなければなりません。外部のコンサルタントや専門家を活用するにしても，内部人材によるサポートは欠かせないでしょう。また，どの専門家に依頼をするのかというのも内部人材の力量が問われるところであり，取締役会の実効性評価を質の高いものにするためには内部人材がコーポレートガバナンスとその周辺領域に関する一定程度の知見を有していることが不可欠です。

　取締役会のトレーニングについても同様です（原則4－14）。適切かつ効果的なトレーニングメニューを組むためには，取締役会のスキルの状況，自社の経営課題，コーポレートリスク，投資家の要求事項，世の中のトレンド等を踏

---

[46]　中村直人＝倉橋雄作「第一回取締役会事務局アンケート集計結果の分析」旬刊商事法務2217号（2019）11頁。

まえたうえで，補っておくべき知見やスキルを的確に捉え，適切な講師を招聘したり，外部セミナーを受講する機会を設けるなどの対応が必要になります。外部アドバイザーのサポートを受けるとしても，取締役会の実効性評価と同様に丸投げというわけにはいきません。

　社外取締役等からの質問や情報請求への対応も，実効的なコーポレートガバナンスの実現に向けた重要な作業の一つです（補充原則4－13①）。社外取締役等が自身の職責を適切に果たすためには，必要な情報をタイムリーに収集できることが重要であり，ここでも取締役会事務局には，能動的な対応が求められます。

2　コーポレートガバナンス対応の現状と課題

　取締役会事務局の主管部門を見てみましょう。商事法務が行ったアンケート調査の結果を見ると，回答企業のうち約半数は，総務が取締役会事務局の主管部門を担い，これに経営企画，法務，秘書部門が続いており[47]，コーポレートガバナンスに関連するいずれかの部門が代表して取締役会事務局の役割を担うのが現在の実務となっていることが窺えます。

　しかし，コーポレートガバナンスに関する全ての対応が，取締役会事務局やその主管部門で行われているわけではありません。各専門部署がそれぞれ受け持つ分野を縦割りで対応にあたっているのが現在の実務です。株主総会対応については総務が，株主との対話や統合報告書の作成についてIRが，資本政策については財務が，機関設計の変更の場面等における法的検討については法務・コンプライアンス部門が担うなど，多くの企業では，コーポレートガバナンス関連業務を各専門部署が縦割りで対応にあたっており，取締役会事務局の主管部門がこれらの業務を統括して行っているわけではありません。

　こうした縦割りの対応については，内部の意思決定において複数の部署での調整が必要になるといった指摘や，外部から情報にアクセスする際に情報が分

47　商事法務アンケート・前掲注（46）5頁。

散していてアクセスしにくいという指摘がなされるなど[48]，コーポレートガバナンス対応を一元的に統括する部門の設置を求める声が広がってきています。コーポレートガバナンス対応を統括する部門を設置する対応は，カンパニーセクレタリー（コーポレートセクレタリー）と呼ばれるコーポレートガバナンス専門職を中心にガバナンス対応が行われている米国や英国で広く普及しているプラクティスですが，コーポレートガバナンス・コードの導入により，米国や英国で普及しているモニタリングを重視した取締役会モデルが志向されるようになった以上，取締役会と車の両輪の関係にあるコーポレートガバナンス対応部門についても，米国や英国で普及しているプラクティスのエッセンスを取り入れる必要が出てくるのは当然の流れとも言えるでしょう。

　しかし，影の主役であるコーポレートガバナンス対応部門については，コーポレートガバナンス・コードにその責務や役割が明記されていないなど，改革を動機付けるルールが十分に整備されていないこともあり[49]，コーポレートガバナンス対応部門を強化する必要性すら認識していない企業も少なくないように見受けられます。2021年に行われた調査では，「コーポレートガバナンス対応を一元的に統括する部署・担当者を設置している」と回答した企業は全体の22％となっており[50]，コーポレートガバナンス対応の統括部門・担当者を設置する企業も少しずつ増えてきている状況ですが，取締役会改革と同様に，コーポレートガバナンス対応部門の改革についても，やる気のある企業とそれ以外の企業で対応が二極化しているのが現状のように思われます。

48　CGSガイドライン・24頁。

49　コーポレートガバナンス・コードに取締役会事務局を明記することを求める見解として，富永誠一「コーポレートガバナンスの進展に伴う取締役会事務局の深化―独立社外取締役の支援という観点から」旬刊商事法務2233号（2020）9頁がある。

50　三井住友信託銀行「サステナビリティを"戦略"へ転換するコーポレートガバナンス改革～『ガバナンスサーベイ2021』実施報告書～」（2021年10月）。

51　株式会社アイ・アール ジャパン「「CGS研究会」（コーポレート・ガバナンス・システム研究会）資料Company Secretary（カンパニー・セクレタリー）概要」（2016年10月20日）4頁。

[図表4－7]　コーポレートガバナンス対応所管部門の日米英比較[51]

カンパニー・セクレタリーの主要業務（日本企業の所管部門との相関）

カンパニー・セクレタリーの主要業務	英国企業・米国企業等	日本企業（代表的な所管部門）
・取締役会、委員会の意思決定、企画運営サポート（アドバイザー） ・取締役会、委員会の運営管理・議事録管理（アドミニストレーター）	カンパニー・セクレタリーが一元的に対応（米国：Corporate Secretary）	・経営会議（アドバイザー機能） ・法務部、経営企画部（アドミニストレーター機能）
・資本政策・株式取引関連（新株発行、配当支払、あらゆる法律要件の遵守）		・財務部
・コーポレートガバナンス問題に関する社外専門家（会計監査人、弁護士、金融機関、税理士等）との情報交換		・法務部、財務部、総務部
・コーポレートガバナンス問題に関する取締役（社外取締役）、執行役との情報交換		・法務部、総務部、秘書室
・株主との対話（ガバナンスコミュニケーションの窓口：Shareholder Engagement）		・IR部、総務部、法務部

対応部署が多岐にわたる

3　英国におけるコーポレートガバナンス対応

　参考までに，英国におけるコーポレートガバナンス対応の制度と実務を見てみましょう。

　英国では，**"カンパニーセクレタリー"** という名称のコーポレートガバナンス対応のスペシャリストが，コーポレートガバナンスの対応の中核を担う存在として実務をリードしています。

　英国におけるカンパニーセクレタリーは，コーポレートガバナンス対応を専門とする法定の役員（Officer）であり，カンパニーセクレタリーとして職務を遂行できるのは，弁護士や公認会計士，The Chartered Governance Institute UK & Irelandと呼ばれるコーポレートガバナンス専門職の養成機関の会員などに限られています[52]。そして，公開会社は，カンパニーセクレタリーの設置が義務付けられており[53]，上場企業にコーポレートガバナンスの専門家が設置されることが制度として保障されています。

　コーポレートガバナンスに関するカンパニーセクレタリーの具体的な責務・役割は，UKコード2024とそのガイドラインであるUKガイダンス2024に定められています。

【図表4-8】　取締役会のサポートとカンパニーセクレタリーの役割[54]

<80>　カンパニーセクレタリーは，取締役会の手続が遵守されていることを確認し，取締役会の全てのガバナンス事項について助言し，議長を支援し，取締役会とその委員会が効率的に機能するよう支援する責任を負う。
<81>　カンパニーセクレタリーは，取締役会のガバナンスに関する全ての事項について議長に報告すべきである。これは，カンパニーセクレタリーが，その他の執行管理責任に関して，最高経営責任者または他の業務執行取締役に対して報告することを妨げるものではない。カンパニーセクレタリーの報酬は，報酬委

52　英国会社法第273条。
53　英国会社法第271条。
54　UKガイダンス2024の該当箇所を筆者が翻訳したもの。

員会が決定すべきである。

＜82＞　議長の指示の下，カンパニーセクレタリーの責務には，取締役会およびその委員会内部，ならびに上級管理職と非業務執行取締役との間の適切な情報の流れを確保することに加え，必要に応じて，新任取締役の研修の支援，取締役会研修の手配，専門能力開発の支援が含まれる。

＜83＞　カンパニーセクレタリーは，取締役の知識と能力の開発およびアップデート，ならびに取締役会の実効性評価から生じる問題への対応に必要なリソースを会社が提供できるよう手配する。

＜84＞　カンパニーセクレタリーは，取締役，特に非業務執行取締役が，会社の取締役としての責任を果たすために必要であると判断した場合には，会社の費用負担で独立した専門家の助言を利用できるようにする責任を負う。委員会には，その職務を遂行するための十分な資源が提供される必要がある。

＜85＞　取締役会の効果的な機能を支援するための方針およびプロセスの策定と実施において，議長を支援することは，カンパニーセクレタリーの役割の中核をなすものである。議長とカンパニーセクレタリーは，取締役会と会社のガバナンスプロセスが目的に適ったものであるかどうかを定期的に検証し，会社のガバナンスを強化するための改善を検討すべきである。

＜86＞　カンパニーセクレタリーの実効性は，業務執行取締役からの信頼を維持しつつ，議長，上級独立取締役，および非業務執行取締役と相互の信頼関係を構築することによって高めることができる。

　UKガイダンス2024には，取締役会への助言や，取締役会の実効性評価，取締役会トレーニングのアレンジなど，取締役会の実効性確保に向けた各種の取組みを遂行していくことがカンパニーセクレタリーの責務・役割であることが明記されています。これは会社法やコーポレートガバナンス・コードに記載された取締役の責務や役割が適切に果たされるように，責任をもって取締役会を下支えする存在がカンパニーセクレタリーであるということを明らかにしたものといえます。

　英国では，非業務執行取締役（社外取締役）を中心とするモニタリング型のガバナンスモデルが普及していますが，こうした社外取締役を中心とする英国の取締役会は，強力な裏方であるカンパニーセクレタリーを中心とするコーポレートガバナンス責任者・統括部門のサポートによって支えられています。英

国の社外取締役の多くは，経営や財務などに関する専門的な知見を持っていますが，非常勤であることからくる時間的な制約や在任期間の短さもあり，会社の歴史や文化，社内の人間関係などの社内事情を詳しく把握できる立場にありません。カンパニーセクレタリーは，コーポレートガバナンスや周辺領域に関する専門的な知見をもつとともに，社内事情をよく理解している存在として，社外取締役が自身の能力を最大限に発揮できるようにサポートを行うことで，社外取締役の弱点を補っています。

　日本では，まずは，取締役会の改革を進めようということで，モニタリングを重視するボードモデルの普及が進められていますが，取締役会（社外取締役）の実効性を高めるためには，カンパニーセクレタリーのような専門的な知見をもち，社内事情にも精通したプロフェッショナル人材の存在が欠かせません。日本の法令やガイドラインは，米国や英国をはじめとする諸外国の法令やガイドラインを参考にして，他国を追随する形で策定されることが多いため，時に継ぎ接ぎ的に様々な要素が盛り込まれることで，ルール間の論理的整合性が十分に取れなかったり，新しいルールを導入したものの十分な効果が上げられないなどの問題が起こりがちですが，コーポレートガバナンス分野もその一つといえます。国内の法令やガイドラインを追いかけるだけで精一杯というのが現場の方々の本音だと思われますが，様々な対応を行ったものの，成果が得られず，"ガバナンス疲れ"の状態に陥ってしまったときは，国内法令やガイドラインのもとになっている海外の法令やガイドライン，実務などに目を向けてみると状況を打開するためのヒントが得られることもあるでしょう[55]。

【図表4-9】　英国ユニリーバにおけるカンパニーセクレタリーの責務[56]

(a)　取締役に対する総務的，全般的な支援
(b)　年次報告書及び財務諸表の準備

55　英国カンパニーセクレタリーの詳細については，久保田真悟「英国カンパニーセクレタリー制度と我が国への示唆 〜コーポレートガバナンス対応部門の強化にむけて〜」国際商事法務Vol.50, No.8（2022）1001-1007頁を参照。
56　Unilever PLC, 'The Governance of Unilever'（2023）の該当箇所を筆者が翻訳したもの。

(c)　企業法務と規制対応

(d)　株主名簿の管理や株主総会の招集を含む正式な株主対応

(e)　資本金及び株主構成に関する事項

(f)　取締役会及び委員会のための導入，研修／開発及びパフォーマンス評価のアレンジ

(g)　通常は開示委員会の検討を必要としない標準的な規制上の開示資料（取締役による株取引に関するものなど）の起案と公表

(h)　グループセクレタリーが業務執行取締役と非業務執行取締役の利益が異なることを認識し，どちらの利益を代表すべきかが不明確な場合，議長に報告する。

(i)　情報の提供，会議の議題，評価，研修プログラムなどの取締役会の業務運営に関して議長をサポートする。

4　コーポレートガバナンス対応部門の強化に向けて求められる対応

　まずは，コーポレートガバナンス対応部門に対する認識を改める必要があります。コーポレートガバナンス対応部門を強化しても，わかりやすく売上や利益の増加に繋がるわけではないため，これまでは，人員や予算を増やしてまで対応しようという認識はもたれなかったかもしれませんが，コーポレートガバナンス対応部門の重要性は，英国の例で見たとおりです。コーポレートファイナンス対応の要がCFOであるとするならば，カンパニーセクレタリーはコーポレートガバナンス対応の要となる存在であり，企業価値を向上させていくためには，カンパニーセクレタリーのようなコーポレートガバナンスプロフェッショナルの存在が欠かせません。コーポレートガバナンス対応部門の強化に予算を割くことは，成長に向けたキャッシュの有効な使い道であり，そのために相応の予算を投入したとしても，投資家から不満の声が上がることはないでしょう。むしろ評価をしてもらえるはずです。

　コーポレートガバナンス対応部門の強化を進めていくためには，コーポレートガバナンス統括部門を設置することが望まれますが，総務や法務・コンプライアンス，内部統制，IRなどの既存部門の全部又は一部を統合することは，

現実的に困難な場合が多いと思われます。そのため，現在，コーポレートガバナンス対応部門について先進的な取り組みを行っている企業の多くも，「取りまとめ役になる少数精鋭の取締役会室を設置して，法務その他の部門と連携を図りながら対応する」[57]，「法務や経営サポート等の部門トップで構成されるバーチャルな組織で対応する」[58]，「既存の戦略本部の中に，取締役会室と秘書室を統合したコーポレートセクレタリーグループを新設し，経営企画，IRなどの部門と連携して対応する」[59]など大きな組織改革は行わずに，既存の部門と連携をしながら，適切な意思決定を行うことができる仕組みを導入しています。コーポレートガバナンスに関する所管部門が多岐にわたることの主たる問題は，部門間での調整に時間が使われタイムリーな意思決定ができないことや情報へのアクセスのしにくさにあるため，これらの問題に対処できるのであれば，ひとまず形は何でも良いわけです。

　人員の増強も重要になります。これまで，取締役会事務局の仕事は，受動的かつ事務的な作業が中心であったこともあり，取締役会事務局スタッフに専門性をもったプロフェッショナル人材が登用されるケースは稀でしたが，取締役会の実効性確保に向けた積極的かつ主体的な役割が求められるようになった今日においては，コーポレートガバナンスとその周辺領域に関する専門的な知識をもち，経営の中核を担うことのできる人材が必要になります。

　ただし，カンパニーセクレタリーを担えるような人材の数は限られているのが現状であるため，多くの企業では，コーポレートガバナンス関連部門で部門長を務める者が中心となって取締役会をサポートする形になるでしょう。将来に向けては，英国におけるカンパニーセクレタリーのような役割を担うことのできる人材を育てていく必要がありますが，そのためには，ローテーションを

57　2021年2月15日時点におけるオリンパスの取組み（オリンパス　取締役会室室長　南部昭浩氏発言「座談会　取締役会事務局のあり方と取組み〔上〕」旬刊商事法務2254号〔2021〕5頁）。

58　商事法務座談会・前掲注（57）7頁：2021年2月15日時点における花王の取組み（花王執行役員　法務・コンプライアンス部門統括　竹安将氏発言）。

59　商事法務座談会・前掲注（57）8頁：2021年2月15日時点におけるTDKの取り組み（TDK戦略本部コーポレートセクレタリーグループGM取締役会室室長兼秘書室室長　藤原幸一氏発言）。

通じて，各関連部門のエース級の人材に取締役会事務局業務を経験させるほか，法務・コンプライアンス，経営企画，内部統制，IRなどのコーポレートガバナンスに関連する様々な部門で業務経験を積ませ，部門横断の知識や経験を身に付けさせる対応が求められます[60]。

　また，外部で提供されているセミナーや研修を受講する機会や，経営法務やコーポレートファイナンスを学べる国内のビジネススクール，さらには海外のロースクールやMBAで学ぶ機会を提供するのも有益です。カンパニーセクレタリーは，これまでになかった新たな専門職であるため，自社内における経験のみで必要な知見を身に付けることは難しいでしょうから，将来を担う人材に対して関連する様々な経験や知識を身に付ける機会を提供することが望まれます。

5　法務・コンプライアンス部門に対する期待

　コーポレートガバナンス対応を主導する存在として，法務・コンプライアンス部門の活躍が期待されます。

　法務・コンプライアンス部門は，営業や経営企画部門のように，キャッシュの創出に直結する部門ではないこともあり，十分な予算が付けられず，最小限の人員で業務を回しているのが多くの上場企業の実態です。米国や英国では，経営における法務・コンプライアンスの重要性が認識されており，チーフリーガルオフィサー（CLO）やジェネラルカウンセル（GC）を設置する実務が普及していますが，日本では，少しずつCLOやGCを置く企業が増えてきているものの，その数はまだ少数にとどまっています[61]。これは，主として，経営陣の法務・コンプライアンスに対する理解の不足によるものと思われますが，経営陣に対して法務・コンプライアンスの重要性を認識させられていない部門責

---

[60]　英国のThe Chartered Governance Institute UK & Irelandが提供する資格認定プログラム（Chartered Governance Qualifying Programme）では，コーポレートガバナンスのほかに，コンプライアンスやリスクマネジメント，ファイナンスや経営戦略などの周辺科目もプログラムに組み込まれており，取締役会をサポートするために必要な様々な科目を学びます。

任者にも責任の一端はあるでしょう。法務・コンプライアンス部門が，日常的な契約書審査や法令適合性審査を行うだけの作業部門になってしまっているというのが多くの上場企業の実態のように思われますが，法務・コンプライアンス部門の業務がこれだけであるとすると，経営陣が予算を増やす意味を見出せないと考えてしまうことにも理解できる部分はあります。

　契約書審査や法令適合性審査が重要であることは言うまでもありませんが，法務・コンプライアンス部門は，企業価値の向上に向けたより大きな価値を創造することが可能です。世界の潮流や海外の法令，ESG・サステナビリティ要素を踏まえた高度なリスクマネジメント対応を推し進める一翼を担い，企業価値が毀損される事態が発生するのを防ぐことで，企業価値の向上に貢献することができるというのは言うまでもありませんが，トレーニングを通じて取締役会に不足する知見やスキルを補う，取締役会の実効性評価を通じて取締役会メンバーに課題を認識させる，社外取締役が力を発揮できるようにサポートを行うなどの活動を通じて企業価値の向上に貢献することも可能です。コーポレートガバナンス対応には，会社法や金融商品取引法，コーポレートガバナンス・コードをはじめとする国内外の関連法令やガイドラインに関する知識や，それらの背景への理解，優れたリスク感覚，広い視野と深い思考力，高い倫理観などが求められますが，これらの要素は，法務・コンプライアンス人材の強みといえるでしょう。現に，米国や英国では，GCやCLOが，カンパニーセクレタリーを兼務することも多く，法務・コンプライアンスのエキスパートが，コーポレートガバナンスの分野でも活躍しています。

　取締役経営陣が，自発的に，法務・コンプライアンス部門の重要性と活躍の可能性を認識し，部門の強化に努めることが求められるのは言うまでもありませんが，法務・コンプライアンス部門の責任者の方々にも，コーポレートガバナンス対応も含めた法務・コンプライアンス部門の提供価値を，積極的に取締役経営陣に対して示していく姿勢をもつことが求められます。

61　一般社団法人日本CLO協会が立ち上げられるなど，CLOやGCの普及に向けた動きが見られるようになってきており，今後，日本においても，CLOやGCが普及していくことが期待されます。

【コラム⑥●法務プロフェッショナル人材を確保するには】────────

　多くの上場企業では，法務コンプライアンス部門が慢性的な人員不足の状況に陥っており，中途採用に力を入れる企業が増えてきました。最近では，国内事業会社においても，エキスパート職として年俸1000万円を超える条件提示を行う求人も多く見られるようになってきています。しかし，それでもなお人材の確保に苦労している企業が多いのが現状です。こうした状況を打開し，法務プロフェッショナル人材を確保するためには何が必要になるのでしょうか。法律事務所の勤務弁護士の視点で筆者の考えをお話します。

　大手や外資系の法律事務所の弁護士は，初年度から年収1000万円以上の条件で働いています。また，多くは，雇用ではなく業務委託の形態で働いているため，雇用と比べて手取りの金額が多くなっています。弁護士1年目から高い報酬をもらい，それを前提に生活を組み立てているため，企業への転職によって年俸が大きく下がってしまうと，生活が成り立たなくなってしまうというのが弁護士側の本音です。

　また，雇用と業務委託の違いも大きなポイントです。一月当たりの稼働時間を比べると，法律事務所の弁護士の方がインハウスの弁護士よりも働く時間は長いですが，業務委託の場合，平日のデイタイムを所定労働時間として拘束されることがないため，たとえば，「仕事を土日に回して金曜日は遊びに行く」，「午前中はジムに行って午後から仕事をする」など，フレキシブルな働き方をすることが可能です。「ランチを2時間取って，その分，夜に働く」ということもできます。もちろん，若手のうちはなかなか自由に時間を使うことはできませんし，平日のデイタイムは出勤を原則にしている法律事務所もあるので，あくまでもケースバイケースではありますが，一般に，法律事務所の弁護士は，インハウスの弁護士と比べると，時間を自由に使うことができます。そのため，時間を自由に使いにくくなるというのもインハウスへの転職が敬遠される理由の一つになっており，優秀な法務・コンプライアンス人材を獲得するためには，給与水準だけでなく，契約形態や勤務形態も重要な要素となります。

　企業が法務プロフェッショナル人材を獲得する方法としては，①業務委託の方式を採用する，②雇用契約とする代わりに法律事務を含めた副業を広く認める，のいずれかの方法が良いのではないかと考えます。法務・コンプライアンス部門が取り扱う案件の全てがプロフェッショナル人材を必要とするような複雑な案件ではないため，正社員として多額の報酬を払ってプロフェッショナル人材を確保する必要は必ずしもないように思われます。たとえば，毎週の定例会議には出てもらって情報共有を図りながら，業務委託でスポット的に仕事をしてもらう，他の部員への指導や助言をしてもらうなど，必要な範囲でミニマムに活用するという方法が，企業とプロフェッショナル人材双方にとって最適な方法であるように思います。どうしても正社員として採用したいということであれば，コンフリクトのない範囲というのは当然ですが，副業を認めることを検討するべきでしょう。それだけでも獲得できる人材の幅が大きく広が

るはずです。

　優秀な人材を獲得したのに，すぐにやめられてしまった経験のある部門長の方も少なくないように思いますが，獲得した人材に残ってもらうためには，まず，やりがいのある仕事をアサインできるかが重要になります。コーポレートガバナンス関連業務も含めた経営に直結する業務や，全社的なコンプライアンス体制・リスク管理体制の整備などの業務を主体的に進めているような部門であれば，企業価値向上への貢献を感じられるやりがいのある仕事に携わることができますが，日常的な契約書や法務相談を処理するだけの作業部門になってしまっていると，やりがいを感じてもらうのは難しいように思われます。業務の大半が，些末な案件や作業のための作業で占められてしまうと，辞めたくなってしまうのは当然のことでしょう。また，やりがいのある仕事に携わる機会を与えても，上司に，仕事内容を適切に評価する力量がなければやる気は大きく削がれてしまいます。良い仕事をしても変な手直しを入れられる，賞与の評価に繋がらない，という状況が続けば，もはやその会社にとどまる理由はないでしょう。

　会社側にもいろいろと都合があり，なかなか理想どおりにはいかないかもしれませんが，人材の確保が進むかどうかは，多様な働き方を認める，仕事を適切に評価する，そして従業員満足度を高めるという人的資本経営で求められていることを法務・コンプライアンス部門において実現できるか否かにかかっています。同業他社と比べて高い報酬額を提示することももちろん重要なことではありますが，それだけでは足りません。慢性的な人材不足の状況を打開するためには，法務・コンプライアンス部門を働く者にとって魅力的な部門にしていくことが求められます。

【深掘り文献・論文リスト】─────────────────────────

- 中村直人編著『取締役・執行役ハンドブック〔第3版〕』（2021，商事法務）
- 太子堂厚子『Q&A監査等委員会設置会社の実務〔第2版〕』（2021，商事法務）
- 澤口実監修＝渡辺邦広編著『任意の指名委員会・報酬委員会の実務』（2022，商事法務）
- 村中　靖＝淺井　優『役員報酬・指名戦略〔改訂第2版〕報酬制度，ESG評価，スキル・マトリックス，CEOサクセッションプラン，指名・報酬委員会の設計』（2021，日本経済新聞出版）
- 高山与志子『取締役会評価のすべて』（2020，中央経済社）
- 日本取締役協会編『社外取締役の教科書』（2020，中央経済社）
- 塚本英巨『基礎から読み解く社外取締役の役割と活用のあり方』（2021，商事法務）

- 森・濱田松本法律事務所編著『日本のトップ100社のコーポレート・ガバナンス2024』（2023，日本経済新聞出版）
- 日本コーポレート・ガバナンス・ネットワーク 取締役会事務局懇話会編著『取締役会事務局の実務―コーポレート・ガバナンスの支援部門として』（2021，商事法務）

◆著者紹介◆

久保田 真悟

2008年横浜国立大学教育人間科学部卒業。2012年中央大学法科大学院修了。2017年一橋大学大学院国際企業戦略研究科経営法務コース修士課程修了。2020年King's College London修了（LL.M.）。

2013年12月弁護士登録（第二東京弁護士会）。鳥飼総合法律事務所へ入所後，TMI総合法律事務所，パーソルホールディングス株式会社での執務を経て，2021年鳥飼総合法律事務所へ復帰。情報法制研究所研究員（2018年～）。フィデューシャリーアドバイザーズ株式会社アドバイザー（2022年～）。国際取引法学会所属。多摩大学・非常勤講師（「日本の法律」担当）（2023年～）。筑波学院大学・非常勤講師（「会社法」担当）（2023年）。

<著作・論文>
「英国カンパニーセクレタリー制度とわが国への示唆 ～コーポレートガバナンス対応部門の強化に向けて～」（国際商事法務2022年8月号），「金融機関における個人情報・プライバシー保護の現在と対応」（銀行法務21，2022年7月号～2023年1月号）など。

<セミナー・講演>
「株主総会の準備を進めるうえで知っておきたい前提知識～投資家との建設的な対話に向けて理解が欠かせない前提知識を，実例や海外の法制度・実務にも触れながら，コンパクトに解説～」（金融財務研究会，2023年3月），「企業価値向上につながる法務機能の強化方法－インハウスでの執務経験を持つ弁護士が解説－－複雑化するコンプライアンス対応からリーガルテックの活用，プロフェッショナル人材の獲得・保持まで～」（企業研究会，2023年4月），「理論と事例で考える!!株主アクティビズム時代における株主対応と買収局面における対応のあり方」（Business＆Law，2024年3月）など。

コーポレートガバナンスの実務　1年目の教科書

2024年6月10日　第1版第1刷発行

著　者　久　保　田　真　悟
発行者　山　本　　　　継
発行所　㈱中　央　経　済　社
発売元　㈱中央経済グループ
　　　　パ ブ リ ッ シ ン グ

〒101-0051　東京都千代田区神田神保町1-35
電話　03 (3293) 3371(編集代表)
　　　03 (3293) 3381(営業代表)
https://www.chuokeizai.co.jp
印刷／三英グラフィック・アーツ㈱
製本／㈲井 上 製 本 所

© 2024
Printed in Japan

＊頁の「欠落」や「順序違い」などがありましたらお取り替えいた
しますので発売元までご送付ください。(送料小社負担)
ISBN978-4-502-49161-0　C3032